청소년을 위한
진로상담

정영선, 김현영 지음

청소년을 위한 **진로상담**

발행일 | 2014년 3월 10일 1쇄 발행

지은이 | 정영선, 김현영
발행인 | 강학경
발행처 | ㈜**시그마프레스**
편집 | 김보라
교정 · 교열 | 김문선

등록번호 | 제10-2642호
주소 | 서울특별시 영등포구 양평로 22길 21 선유도코오롱디지털타워
　　　　 A401~403호
전자우편 | sigma@spress.co.kr
홈페이지 | http://www.sigmapress.co.kr
전화 | 02)323-4845, 02)2062-5184~8
팩스 | 02)323-4197

ISBN | 978-89-6866-142-6

이 도서의 국립중앙도서관 출판시도서목록(CIP)은 서지정보유통지원시스템
홈페이지(http://seoji.nl.go.kr)와 국가자료공동목록시스템(http://www.nl.go.
kr/kolisnet)에서 이용하실 수 있습니다. (CIP제어번호 : CIP2014006074)

차례

머리말

우 리는 흔히 현재 하고 있는 일에 만족하지 못할 때 '시간을 되돌릴 수 없을까?'라는 생각을 합니다. 새롭게 다시 시작할 수 있는 그 시점으로 되돌아간다면, 그 당시 내가 하지 못했던 것에 대해 고민하고 철저히 준비하여 좀 더 나은 선택을 하고, 심장이 뛸 만큼 행복한 삶을 살아갈 수 있을 거라 생각하기 때문입니다.

흥미로운 것은 아직 인생의 꿈을 찾고 한창 앞으로 나아가야 할 청소년들도 이런 상상을 자주 한다는 것입니다. 고등학생은 중학생 때로, 중학생은 초등학생 때로…… 그렇다면 학생들은 시간을 되돌려 무엇을 바로잡고 싶은 것일까요? '2013 청소년 통계'에서 보고된 바처럼 청소년들의 가장 큰 고민은 '학업'과 '진로' 문제였습니다. 마음껏 상상하고 꿈꿀 수는 있지만, 막상 현실을 돌아보면 한숨이 나오고 높은 장벽을 느낄 수밖에 없는 상황에 우리 학생들이 서 있습니다.

이러한 문제를 해결하기 위하여 2014년 1월 교육부에서는 진로진학교육 강화를 위해 '학교급 전환기 진로지도프로그램(School Transition Program, STP)'을 보급하고 교사와 학부모를 위한 매뉴얼을 발표하였습니다. 이 프로그램은 초등학교 6학년, 중학교 3학년, 고등학교 3학년 학생들의 상급학교 진학과 취업에 대한 내용으로 구성되었으며 단계별로 나눈 기준에 따라 다양한 검사와 프로그램을 제공합니다. 이것은 학생, 학부모, 교사, 사회 모두가 진로진학교육의 필요성과 중요성을 절실하게 느끼고 있다는 것을 반영한 결과물입니다. 그러나 학생, 학부모, 교사들이 실제 현장에서 체감하는 진로진학교육은 생각지 못한 다양한 변수가 작용하여 개개인의 특성에 맞는 진로진학교육을 실시하는 데 어려움을 호소하고 있습니다.

이 책에서는 이러한 현실에 직면하고 있는 청소년의 주된 고민인 진로와 학업 그리고 청소년기 학생과 부모들의 실제 상담사례를 통해 올바른 방향을 제시합니다. 청소년을 위한 진로상담은 입시 위주의 교육에 짓눌려 자신의 꿈조차 찾지 못하고 하루하루 무의미하게 살아가는 학생들과 그런 자녀들의 행동에 노심초사하며 힘들어하고 있는 부모들에게 자녀와 함께 행복한 인생을 설계하는 데 도움을 줄 수 있는 내용으로 구성되어 있습니다.

청소년 시기의 학생은 신체적·정신적 변화의 폭이 크고, 사회적·정서적으로 매우 민감한 특징을 지닙니다. 이러한 청소년 시기의 중요한 과제는 자신의 인생을 설계할 수 있는 진로를 탐색하고 결정해야 한다는 것입니다. 이때 자기의 성격, 흥미, 인성, 신체적 적성에 대한 객관적 이해와 발견을 통해 자신이 원하는 꿈을 만들어 나가고, 그것에 맞는 능력을 개발할 수 있는 올바른 진로교육을 받는다면 자신의 행복을 극대화할 수 있는 인생을 만들어 나갈 수 있을 것입니다.

이 책을 읽어 나가면서 자신의 가슴속 깊이 숨겨져 있었던 꿈은 무엇이며, 그 꿈을 현실로 이루기 위해 현재 내가 무엇을 해야 하는지 곰곰이 생각해 보는 시간을 가져 보길 바랍니다.

책이 완성되기까지 많은 도움을 준 동료 황미란 선생님께 고마움을 전합니다.

푸른 꿈을 지닌 2014년 청마해 2월에

김현영, 정영선

서론

중학생 진로탐색의 중요성

급격한 과학 기술의 발전과 정보화 · 국제화 · 세계화로 요약되는 사회적인 변화는 직장에서의 업무내용 및 유연성을 강조하는 조직형태의 변화를 가져왔고, 인구구조의 고령화, 여성 경제활동 참가의 증가, 일에 대한 가치관의 변화 등 전반적인 직업세계 및 사회 환경의 변화도 가져왔다. 그래서 최근 진로교육에 대한 관심과 요구가 폭발적으로 증가하고 있는 추세이다.

그러나 이런 추세에도 불구하고 여러 조사 결과에 따르면, 우리나라 청소년들이 학교를 다니면서 갖고 있는 주된 고민거리는 진학 또는 진로의 문제라고 한다. 이것은 빠른 시대적 변화만큼 미래에 대한 고민도 예전보다 빨라졌지만, 청소년들이 느끼는 제대로 된 진로교육은 아직 미흡한 실정이라는 것을 알 수 있게 한다. 따라서 자신의 정체성을 인식하고 자신의 미래를 설계하고 꿈꿀 수 있는 중학교에서의 진로탐색활동은 매우 중요하다 할 수 있다.

자신의 소질과 흥미, 특성을 이해하고 발견하며 이를 계발시키기 위해 다양한 환경과 자극을 제공해 주는 일은 우리 학교와 사회 환경의 몫이다. 과거에는 직업을 생계유지의 수단으로 보았기 때문에 직업을 선택하고 난 후 그 직업에서 요구하는 지식이나 기술을 배우는 데 초점을 맞추어 진로교육이 실시되었다. 그러나 현대는 점차 직업을 자아실현의 수단으로 확대해 나가고 있기 때문에 중학교에서의 진로교육과 진로탐색활동은 매우 다각적으로 이루어져야 할 필요가 있다(한국가이던스 중학교 진로탐색장 나의 길 나의 미래).

◆ **진로교육의 의미**

진로교육은 학교교육이 학생들을 행복한 개인으로 그리고 생산적인 사회구성원으로 길러 내는 데 보다 적극적으로 공헌해야 된다는 교육의 방향을 제시한다(한국진로교육학회, 2000).

　진로교육에 큰 공헌을 한 김충기 교수도 진로교육은 넓은 의미로 볼 때 직업교육이며, 직업적성교육인 동시에 개인이 자신의 진로를 합리적으로 선택할 수 있도록 돕는 인성교육이라 정의하였다. 그래서 단순히 인생의 진로만을 지도하는 것이 아니라 전인적인 인성교육도 매우 중요함을 시사하고 있다(김충기, 2000). 따라서 중학교에서의 진로교육은 학생 개개인에게 소질 및 적성과 흥미를 바르게 파악할 수 있도록 지도하고, 인성적으로는 행복하고 성공적인 삶을 살아가기 위해 자신의 진로를 후회 없이 선택할 수 있도록 도와야 한다.

◆ **중학교에서의 진로탐색활동**

슈퍼(Super)의 직업발달과업에 따르면, 14~18세까지는 정형화 단계로, 이 시기는 자원, 가능성, 관심, 가치관의 인식과 선택할 직업을 위한 계획을 통해 일반적인 직업목표를 공식화하는 인지적 과정기이다. 중학생 시기는 진로탐색 단계로 세상을 보는 눈도 많이 달라지고 자신의 능력, 흥미, 학교성적, 직업의 전망 등의 요소도 더욱 관심 있게 여기는 때이다(김충기, 2000). 따라서 중학교에서의 진로교육은 매우 중요하다. 또한 진로발달이 이전 시기에 비해 가속화되는 경향이 있기 때문에 불명확하고 불안정한 진로의식은 청소년기의 방황과 갈등을 촉발시킬 수 있으므로, 진로정체감 형성은 청소년기의 진로발달에 있어서 매우 중요한 의미를 지닌다(조은주, 2001). 진로정체감을 형성하기 위해서는 먼저 자기 자신에 대한 이해가 필요하다. 진로선택과 결정에 있어서 자신을 이해한다는 것은 자신이 누구인지, 자신의 가치관이 무엇인지, 자신의 흥미, 성격은 어떤지를 알게 되는 것을 의미한다. 다음은 직업세계에 대한 이해 및 정보수집이다. 진로상담을 통해 직업분류, 직업의 종류, 작업탐색에 필요한 자료와 방법을 파악하고, 학생들 스스로 직업세계에 대한 이해뿐만 아니라 진로선택에 있어서 자신의 직업적 가치관을 확인하여 진로선택에 반영할 수 있어야 한다. 또한 일과 직업에 대한 올바른 이해와 바람직한 태도를 형성하고 나아가 일을 통해 행복감을 영위하는 것이 중요하다.

◆ '진로탐색' 및 준비과정

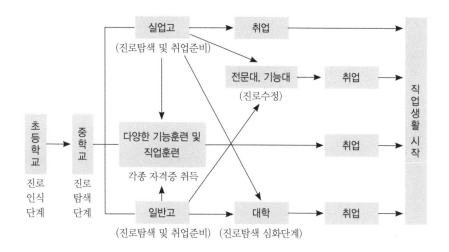

◆ 중학생의 진로지도 단계와 목표(진로교육목표 및 내용 체계화 연구, 장민석)

교육단계	내용
자기이해	• 자아 특징의 장단점 탐색 • 주변 사람과의 효과적인 상호작용 기능 탐색 • 자신의 성격, 적성, 흥미의 탐색과 개발
일과 직업세계 이해	• 직업의 종류와 특성 이해 • 사회변화에 따른 직업세계의 변화 이해 • 진로정보의 탐색 및 활용 기능 탐색
일과 직업에 대한 태도와 습관 형성	• 일과 직업에 관한 생산적 가치관 및 태도의 탐색 • 실천과 실습을 통한 일의 습관 탐색 • 변화하는 성역할에 대한 체계적인 탐색
일과 학습	• 직업세계와 관련한 학교 학습의 중요성 이해 • 지역사회 활동을 통한 직업기초 기능의 경험과 응용 • 자신의 자질 특성과 직업 세계화의 관계 탐색
진로계획	• 자아특성에 기초한 진로목표의 탐색 • 합리적인 의사결정 기능의 탐색과 계발 • 적성과 능력에 기초한 진로계획의 탐색과 실천

◆ 진로교육에서 고려할 요인들과 진로교육이 이루어지는 과정

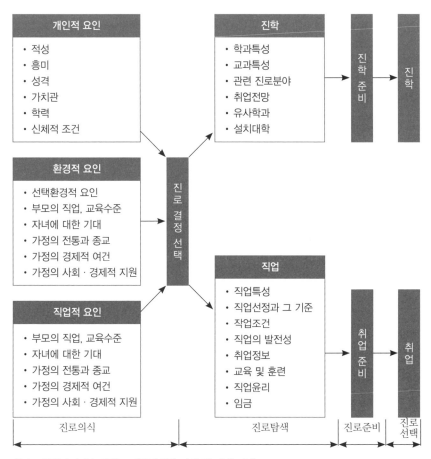

참조 : 한국가이던스 중학교 진로탐색장 나의 길 나의 미래

제1장

중학생 진로와 부모

1 중학생 진로와 부모

부모는 자녀가 초등학교를 졸업하고 중학교에 들어가면서 자녀의 신체적, 정서적, 학업적, 인지적 영역에서 많은 변화들이 발생함을 보게 된다. 그중에서 중학생 자녀를 둔 부모가 이전의 아이들의 학령기와 비교하여 많은 변화를 경험하는 부분이 바로 자녀의 진로선택, 진학문제에 대한 영역이다. 진로와 관련하여 초등학교에서는 여러 가지 직업을 이해하고 진로인식을 안내하는 내용을 주로 다룬다. 그러나 중학교에 들어오면서 교과별 진로교육과 직업체험 등을 통해서 학생 자신의 적성을 파악하는 활동을 수행한다. 그리고 이를 바탕으로 자신의 진로를 설계해 보도록 교육과정이 구성되어 학생들에게 제공되고 있다. 이러한 진로설계는 고교진학설계와 준비과정의 연속적인 차원으로 이어지게 된다.

중학교 진로교육이 성공적으로 발전하기 위해서는 학교에서의 진로교육뿐만 아니라 가정에서도 부모가 자녀의 진학 및 진로선택과 관련하여 함께 준비하고 노력해야 하는 사항들이 있다.

첫째, 자녀의 행복한 삶에 초점을 맞추는 일이다. 과도한 학업적 경쟁 분위기가 만연한 한국의 교육상황에서는 높은 점수로 좋은 내신을 받고, 소위 말하는 명문 고등학교로 진학한 후, 누구나 가고 싶어 하는 대학교에 진학하여 대기업 취업 또는 사회적 지위가 보장되는 직업을 갖는 것을 엘리트 코스라고 생각한다. 이를 위해 부모는 경제적 · 사회적 지원을 마다하지 않고, 많은 시간과 에너지를 할애하여 자녀의 학업능력 향상을 위해 올인하는 경우가 많다. 그러나, 이러한 과정에서 부모가 쉽게 빠지는 함정이 있는데 다음과 같은 질문이 이에 해당된다. 즉, '누구나 가고 싶어 하는 특목고와 명문대 진학이라는 엘리트 코스를 누가 진정으로 원하고 있는가?' '이 길을 가는 것이 행복한 삶을 보장해 줄 수 있는 유일한 방법인가?' 등에 대해서 먼저 부모 스스로 자문해 보아야 한다.

부모는 자녀가 성인이 되어서 자신의 직업에서 보람을 느끼면서 행복하게 생활하기를 바란다. 행복한 삶을 위해서는 경제적 안정도 필요하지만 신체적·정신적 건강도 필수적이다. 또한, 원만한 인간관계를 형성하고 유지할 수 있는 능력이 있어야 한다. 이러한 요인들과 함께 스스로 보람과 만족을 느끼는 생활태도가 결합되어 재탄생될 때 행복한 삶은 가까워질 수 있다. 행복에 도달할 수 있는 길이 다양한 것처럼 자녀가 행복한 삶을 이루기 위해 자신에게 알맞은 여러 가지 방법이 있을 수 있음을 부모가 먼저 인식하고, 생활 속에서 이를 실천하는 모습을 자녀들에게 보여 줄 수 있다면 이상적일 것이다.

둘째, 부모는 자녀의 흥미, 적성, 성격, 가치관에 대해 파악하고자 노력해야 한다. 인간은 저마다의 독특한 능력과 관심분야를 가지고 있으며 서로 다른 성격, 가치관을 가지고 있다. 직업 선택 시에도 마찬가지이다. 자신의 특성을 알고 잘 반영할 수 있는 직업을 선택한다면 자신의 삶에 대한 만족감이 증가될 수 있다. 그렇기 때문에 자신의 고유한 특성과 잠재능력을 찾고 이를 실현할 수 있도록 진로탐색 환경자원을 마련해 주는 것이 중요하다.

자녀가 가진 고유한 특성을 전혀 고려하지 않고 사회적으로 중요시되는 능력이나 가치관을 일방적으로 요구하거나 종용하는 것은 이 세상에서 가장 사랑스러운 자녀의 행복에 걸림돌이 될 수 있음을 부모는 분명히 인식해야 한다. 부모는 자녀에게 학업뿐만 아니라 다양한 동아리활동, 자율활동, 진로활동, 체험활동을 통하여 자신의 적성과 능력을 다각적으로 발견하고 개발시켜 나갈 수 있도록 적극적인 지원을 제공하는 환경을 마련해 주는 노력이 필요하다.

셋째, 다양한 직업세계와 관련된 정보를 제공하고자 노력해야 한다. 현대사회는 인문, 사회, 과학, 경제, 정치, 문화, 예술 등의 전 분야에서 매우 빠르게 변화가 진행되고 있다. 직업의 세계화라는 커다란 시대적 흐름 속에서 직업은 더욱더 전문화되는 방향으로 나아가고 있다. 과거에 존재했던 직종이 사라지고, 현재의 사회적 요구를 충족시킬 수 있는 많은 직업이 새로 생기고 있다. 그리고 글로벌 시대에서 창조와 혁신의 시대를 이끌어 가면서 미래를 선도할 수 있는 새로운 직업이 많이 창출될 것이다. 이를 준비하기 위하여 직업관련 정보를 탐색하고 알아 나가는 것이 필요하다. 인터넷, 다양한 매체, 영화나 드라마, 인터뷰, 강연회, 직업 박람회, 진로 여행, 직업현장 체험 등을 통하여 직업관련 정보를 구하고, 이를 통해 다양한 직업을 이해하는 과정은 중학생 자녀의 진로탐색에 매우 유용한 도움이 될 것이다.

중학생 자녀를 둔 부모는 자녀에게 진로상담의 기회를 연결해 줄 수 있다. 그리고 부모는 진로상담의 결과에 대해서 관심을 갖고 이에 대해 자녀와 의사소통을 함으로써 자녀의 진로에 대한 관심과 방향을 구체화시켜 나갈 수 있도록 조력해야 한다. 예를 들면, 학부모를 위한 진로교육 아카데미, 학부모 진로코치 양성과정을 통하여 자녀의 진로에 대해서 구체적인 도움을 제공받을 수 있을 것이다. 무엇보다도 부모가 지금까지 가지고 있었던 직업에 대한 고정관념이 있다면 시대적 변화를 고려한 재점검이 필요할 것이다.

2 중학생 자녀를 둔 부모

1) 부모와 자녀와의 관계

부모와 자녀 사이에 가장 중요하고 견고하게 유지되어야 하는 것이 바로 '관계'이다. 관계란 모든 상황이 전개되는 데 있어서 시작이며 핵심적인 역할을 하는 중심체이다. 부모와 자녀 사이의 관계가 원만하면 중학생 자녀와 부모는 어려운 문제와 상황을 현명하게 헤쳐 나갈 수 있다. 부모는 중학생이 된 자녀와의 관계가 초등학생이던 시기의 관계와는 전혀 다르게 의도하지 않은 방향으로 변화된다는 것을 종종 경험하게 된다. 그 방향은 긍정적일 수도 있고 부정적일 수도 있다. 모든 부모는 전자를 희망하지만 많은 부모는 뜻하지 않게 후자를 경험하게 된다. 자녀가 친구들의 의견을 더 중요시하고, 친구들과 어울려 다니는 것을 더 많이 좋아하고, 스마트폰을 사용한 채팅과 게임 등에 시간을 많이 보내면 보낼수록 부모는 이에 대해서 부정적인 반응을 자녀에게 보일 것이다. 이러한 요인들은 부모와 중학생 자녀 사이의 관계에 악영향으로 작용하기 때문이다. 그렇다면 자녀와의 관계, 특히 친밀한 관계를 유지하기 위해서 무엇이 필요할까?

우선, 부모는 중학생 자녀의 특징에 대해서 알아야 한다. 중학생이 되면서 눈에 띄게 변화하는 발달적 측면이 신체적 변화이다. 남학생, 여학생에게 발생하는 사춘기의 변화, 즉 신장, 몸무게의 변화에 따른 발달적 현상에 대한 이해가 필요하다. 이러한 신체적 변화는 자신의 외모에 대한 관심의 증가, 신장에 대한 관심, 이성 친구에 대한 관심 등과 연관되어 나타난다. 예를 들어서 여학생의 경우 몸무게에 대한 관심이 많아지며, 체중을 관리하기 위하여 무리하게 다이어트를 감행하기도 한다. 부모는 중학생 자녀가 가지고 있는 신체적 변화에 대한 이해를 토대로 자녀가 신체적 변화를 자연스럽게 받아들일 수 있도록 도움을 제공해야 한다.

다음은 중학생 자녀의 인지적 변화이다. 부모는 자녀가 배우는 국어, 수학, 사회, 과학 등의 교과 내용을 살펴보면서 우리 아이가 벌써 품사의 활용, 시장경제의 원리, 물리적 현상 등에 대해서 심도 있는 내용을 배우고 이해할 수 있다는 사실에 새삼 놀라움을 느끼게 된다. 중학생 자녀는 추상적인 관념을 이해할 수 있으며, 문제에 대한 가설을 설정하고, 검증해 낼 수 있으며, 은유를 이해할 수 있고, 지적 과제를 수행할 수 있으며, 추론을 이끌어 낼 수 있는 등의 인지적 능력을 지니게 된다. 이를 통해 논리적이고 합리적으로 사물적 현상을 이해할 수 있게 된다.

그러나 아직 자녀의 성장이 현재진행형이라는 것을 잊어서는 안 된다. 이전의 발달시기와 비교하여 인지적 능력이 향상되고는 있으나 아직 중학생 자녀는 발달과정 중에 있기 때문에 성인과 동일한 인지적 능력을 기대해서는 안 된다. 이와 연관하여 고려해야 할 발달적 측면이 사회·정서적 영역이다. 부모-자녀와의 상호작용에 있어서 부모는 중학생 자녀의 반응을 이해하기 위해서 많은 노력을 기울여야 한다. 중학생 자녀는 부모에게 전혀 예상하지 못한 감정적 반응을 보일 수도 있으며, 화를 내면서 격렬하게 반항적인 태도를 보일 수도 있다. 이때 부모가 명심해야 하는 사항은 중학생 자녀는 스스로를 자제하고 진정시키는 데 아직 익숙하지 않다는 사실이다.

중학생 자녀는 때때로 이성보다 감성이 앞서고, 감정에 휩싸여 자신이 놓인 상황에 매우 감정적으로 대처하는 경우가 종종 발생한다. 아직 중학생 자녀는 감정을 완벽하게 통제하고 자신이 대면하고 있는 상황을 다각적으로 처리할 수 없다. 이러한 사실을 부모가 간과하여 중학생 자녀의 감정적 반응에 즉각적이고 감정적인 차원에서 동일하게 반응하는 것은 부모와 자녀 사이에 위험성을 가져올 수 있는 요인이 된다. 이때 부모는 자녀의 감정적 차원을 이해해야 하며, 부모 입장에서 자녀와의 문제가 발생하게 된 원인과 상황에 대해서 '나 전달법(I-Message)'을 활용하여 의사소통을 하는 것이 필요하다. 문제가 발생된 원인과 현상 자체를 있는 그대로 이야기하고, 그 상황에서 부모가 느끼고 생각하고 희망하는 바를 자녀에게 알려 주어야 한다. 자녀에게 불필요한 지적, 책망, 비난조의 이야기를 건네는 것은 자녀와의 관계를 악화시키는 요인이 될 수 있다는 것을 인식해야 한다.

중학생 자녀를 둔 부모는 자녀가 성장함에 따라 부모에게 요구되는 새로운 역할에 대해서 생각해 보아야 한다. 부모의 역할로서 명심해야 하는 사항은 중학생 자녀에게 적합한 안내가 필요하다는 점이다. 중학생 자녀가 책임감 있는 성인으로 성장하기 위해서는 자신의 물건 정리, 학교생활, 친구들과의 협동 등 생활영역에서 기본적인 가치를 세우고 이를 책임감 있게 수행하는 태도를 보여야 한다. 이를 위해서 우선, 부모는 행동적 모델자로서의 역할을 수행해야 한다. 예를 들어 자신의 물건을 정리하고, 약속을 지키고, 가족 구성원 간의 타협과 협동을 스스로 실천하는 모델자가 되어야 한다. 그리고 부모는 행복, 인내, 정의 등과 같이 중요한 가치에 대해서 부모와 자녀가 자유롭게 이야기를 나눌 수 있는 기회를 마련해야 한다. 신문, 뉴스, 영화 등의 소재를 이용하여 부모와 자녀가 함께 이야기를 나눠 보는 것도 효과적이다.

다음은 중학생 자녀가 기본적으로 지켜야 할 생활적 틀에 대해 미리 명확한 제한을 두는 것이다. 친구들과 놀고 귀가하는 시간, 자신의 방 정리하기 등 규칙을 미리 자녀에게 설명하고, 이에 대한 조정이 필요하다면 자녀와 함께 의견을 나눈 후, '제한'을 일관적으로 적용한다. 규칙에 대한 설명도 없이 자녀에게 일방적으로 '제한'만을 전달하는 것은 자녀에게 불만의 소지를 만들어 낼 수 있다. 부모와 자녀 사이에 명확하게 '제한'을 설정하고 이에 대해서 일관성 있게 적용하는 부모의 지속적인 실천이 수반되어야 하며 자녀가 '제한'을 부모의 잔소리로 인식하지 않도록 분명하고 단호하게 전달해야 한다. 부모는 이를 위해 자녀에게 꼭 전달해야 하는 사항의 중요도를 미리 생각해 보고 분명하게 전달해야 한다. 그렇지 않을 경우 자녀는 부모의 이야기를 잔소리 정도로 여길 수도 있기 때문이다.

자녀에게 발생하는 모든 문제에 관여하여 부모가 이야기하는 것은 그냥 허공 속에서 흩어지는 아무 의미 없는 말이 될 수도 있다. 이를 방지하기 위해 지금 중학생 자녀에게 정말 중요한 일이 무엇인지 우선순위에 철저하게 의거하여 자녀에게 전달할 사항을 선택하도록 한다. 그리고 우선순위에 들지 않은 사항들에 대해서는 부모 스스로 너무 연연하지 않아야 한다. 하나에서 열까지 자녀에게 일어나는 모든 일을 통제하는 모습은 부모-자녀 간의 관계를 악화시키는 요인이 될 수 있음을 명심해야 할 것이다. 중학생 자녀는 신체, 인지, 사회, 정서영역에서 발달적 변화를 겪으며 혼란스러움을 경험한다. 또한 과중한 학업적 부담감, 경쟁적 학업 분위기,

또래 압력 등의 현실적 난관을 경험하고 있는 중학생 자녀에게 부모는 항상 안정감을 제공해 주는 원천이 되어야 한다. 중학생 자녀를 둔 부모와 자녀가 관계를 안정적이고 견고하게 다져 나간다면, 중학생 자녀는 부모와의 관계를 안전기지로 삼아 넓은 세상으로 평안하고 힘차게 비상할 준비를 할 수 있을 것이다.

2) 효과적인 양육방식

부모라면 누구나 자녀에게 가장 좋은 부모가 되어 주기를 바란다. 좋은 부모의 모습은 양육방식을 통해서 구체적으로 실현화되는데, 부모는 자신의 개인적인 스타일과 가치관에 따라 고유한 양육방식을 보인다. 일반적으로 양육방식은 세 가지 범주로 구분해 볼 수 있다.

우선 독재주의적 양육방식이다. 이 방식의 특징은 강력하고 엄격한 규칙을 일률적으로 적용한다. 규칙을 따르지 않았을 경우에는 벌칙도 존재한다. 독재주의적 양육방식을 보이는 부모는 자녀와의 협상이라는 것 자체를 인정하지 않으며, 독재적인 양상의 부모 리더십을 보인다. 독재주의적 양육방식을 보이는 부모는 가족 간의 일치된 통일성을 중요시하며, 부모의 의견은 우선적으로 존중받아야 한다고 생각한다.

다음은 허용적 양육방식이다. 허용적 방식에서는 자녀에게 적용하는 규칙이 거의 없으며, 자녀의 잘못된 행동에 대해서 적용하는 벌칙도 일관적이지 못하다. 부모는 자녀가 당면하고 있는 상황과 기분에 따라 서로 다른 대처행동을 보이며, 일관성 없는 행동양상을 나타낸다.

마지막으로 구조적 양육방식은 자녀와 가족에 적용하는 분명한 규칙을 미리 정해 놓았으며, 이 규칙에 따라 결과를 단호하게 적용한다. 일정한 범위 내에서 자녀와의 조율을 시도하며 가족 구성원 간의 화합과 조화를 강조한다. 구조적 양육방식에서 부모는 민주적인 부모 리더십을 발휘한다.

중학생 자녀에게 가장 효과적인 양육방식은 구조적 양육방식이다. 왜냐하면 중학생 자녀에게는 일관된 규칙이 필요하고, 이를 어기면 미리 약속한 벌칙을 적용받는 것을 예상할 수 있기 때문이다. 또한 상황적 필요에 따라 부모와 자녀가 상호조율을 통해 규칙에 대한 새로운 조절을 제시할 수도 있기 때문이다.

부모가 중학생 자녀에게 적용해야 할 구조적 양육방식의 특징은 구체적인 양육행동을 통해 나타난다. 우선, 중학생 자녀에게 일방적인 복종을 강요해서는 안 된다. 귀가시간, 학교 등교시간, 물건 정리 등에 대해서는 미리 규칙을 정하고 이에 따른 결과를 일관적으로 적용하는 것이 필요하다. 그러나 부모가 일방적으로 규칙을 만들고 이를 따를 것을 강요한다면 중학생 자녀는 부모에 대한 반항심과 불통에 대한 답답함으로 부모와의 의사소통을 거부하게 될 수도 있다. 그러므로 부모가 자녀에게 일방적인 복종을 요구하는 것은 매우 효율적이지 못한 양육행동이다.

다음은 자녀에게 긴 설교나 잔소리를 하지 않는 양육행동이다. 부모의 입장에서는 자녀가 쉽게 범할 수 있는 실수를 미연에 방지하고 올바른 길을 알려 주려는 좋은 취지에서 장황하게 설교를 하게 되는 경우가 종종 있다. 그러나 이를 듣는 중학생 자녀의 입장에서는 부모의 이러한 의도가 그대로 전달되지 않는다. 왜냐하면 그들은 부모의 이야기를 받아들일 준비가 되지 않은 상태에서 듣게 되기 때문이다. 부모가 이야기를 할 때 특히 길게 설명하는 것은 듣기 싫은 긴 잔소리일 뿐이며, 중학생 자녀 자신에게는 의미가 전혀 전달되지 않은 설교일 수 있다. 부모와 자녀의 입장에서 상호 간 주고받을 수 있는 메시지를 간략하고 분명하게 전달하는 부모의 행동이 필요하다.

더불어 중학생 자녀의 독립심을 향상시켜 나가기 위해서 스스로 선택한 활동에 참여하도록 기회를 부여하고 이를 격려해 주는 양육행동이 필요하다. 중학교에 들어오면서 자녀는 학교에서 수행하게 되는 동아리활동, 봉사활동, 학교행사 참여활동 등에서 자신의 흥미, 적성, 선호도에 따라 자기주도적으로 활동을 스스로 계획하고 선택할 수 있도록 기회를 부여받아야 한다. 또한 선택에 따른 결과를 경험하여 책임감과 독립심까지 발전시킬 수 있도록 해야 한다. 이를 위해서는 지속적이고 적극적인 부모의 격려가 요구된다.

진로상담사례

1. 개인적 요인
1) 성격 2) 능력 3) 적성 4) 흥미

2. 환경적 요인
1) 부모의 양육태도 2) 부모의 자녀에 대한 기대

1 개인적 요인

1) 성격

(1) 성격에 대한 이론적 배경

파슨스(F. Parsons)는 1909년에 펴낸 직업선택이라는 책에서 직업 선택의 주요 요인으로 '자기 자신에 대한 이해'와 '다양한 직업에 대한 지식', 그리고 '이 두 변인 간의 관계에 바탕을 둔 적절한 판단' 등을 구조화함으로써 '특성-요인' 이론을 세우게 되었다. 이것은 진로발달 이론 분야에서는 가장 오래된 이론이면서 지금도 관련 이론들의 근간이 되는 중요한 원천으로 간주되고 있다.

이 이론의 기본 주장은 다음과 같다.

① 사람들은 자기의 성격적 특성과 일치하는 직무 내용의 직업을 갖고자 한다.
② 이러한 성격적 특성 가운데 가장 중요한 것들이 바로 흥미와 적성이다.

오늘날 우리 교육 현장에서 실시하고 있는 여러 가지 흥미검사나 적성검사는 대부분이 특성-요인 이론에 근거한 것이며, 검사의 주목적은 성격과 직업을 연결시키려는 노력이라고 할 수 있다. 이 이론의 주요 내용을 간추려 보면 다음과 같다.

① 각 개인은 측정될 수 있는 일련의 독특하고 지속성 있는 특성을 지니고 있다.
② 각 직업에는 중요한 과업을 성공적으로 수행하기 위해 필요한 일련의 독특한 요인이 있다.
③ 개인에게는 그의 성격적 특성과 그 성격에 어울리는 요건을 갖춘 직업을 합리적으로 그리고 현실적으로 탐색해서 선택하도록 하는 것이 가능하다.
④ 개인의 성격적 특성과 직업의 요인이 잘 연결·조화될수록 개인적인 만족과 더불어 성공적인 직업수행의 가능성이 더 커진다.

특성-요인 이론에 따르면 개인적인 성격 특성과 직업에서 요구되는 요인을 가장 잘 어울리게 연결시켜 주는 것이 개인의 직업선택을 돕는 최선의 방법이라는 것이다. 그러므로 성격을 통하여 교육, 상담, 진로지도 및 직업선택, 협동 및 공동 작업이 요구되는 상황, 커뮤니케이션 등의 분야에 적용하여 활용할 수 있다. 특히 주관적·객관적 자기이해를 바탕으로 자신의 생애 전체를 설계하는 데 이와 같은 성격이 활용된다. 융(Jung)의 심리유형론은 개인차를 파악하여 이를 어떻게 건설적으로 사용할 수 있는가를 잘 설명하고 있는데, 이에 바탕을 둔 성격은 기본적인 기능과 태도에 있어서의 개인차를 다루고 있어, 각기 다를 수밖에 없는 우리들의 생애를 설계하는 데 아주 적합한 요인이다.

예를 들어 훌륭하고 튼튼한 건축물을 짓기 위해서는 기본적이고 필수적인 요소인 토목설계와 건축설계가 잘 이루어져야 한다. 이를 위해서는 땅과 그 건축의 특성을 잘 파악해야 한다. 이와 마찬가지로 각 개인이 자신의 생애 전반을 설계하기 위해서는 자신의 모습을 있는 그대로 파악할 필요가 있다. 특히 성장하면서 변형된 모습이 아니라 자신이 태어날 때 가지고 있었던 자신의 성격의 특성을 파악하여, 자신이 해서 편하고 행복하고 의미를 느낄 수 있고 자신의 가치를 향상시킬 수 있는 일을 해야 한다. 이러한 목표에 가장 부합하는 요인 중의 하나가 성격이다.

◆ 학생의 강점

- 창조적인 아이디어가 많다.
- 구체적인 가이드가 없는 상황에서도 해결책을 찾을 수 있다.
- 새로운 환경에 대한 적응력이 높다.
- 많은 사람들을 설득하여 일이 구현되도록 할 수 있다.
- 날카로운 비판력이 있다. 자기가 좋아하는 일에 열정을 갖고 몰두한다.
- 미래의 가능성과 전망을 고려한다.

◆ 학생이 보완할 사항

- 개념적으로 단순하거나 반복적인 일에 대해 싫증을 느낄 수 있다.
- 꾸준함이 부족할 수 있다.
- 규율이 엄한 환경에서 마찰을 빚을 가능성이 있다.
- 사소한 일에 꼼꼼히 뒷마무리를 못할 수 있다.
- 아이디어가 현실적으로 구현되지 못하는 경우도 많다.
- 검증되지 않은 아이디어를 구현하는 데 사람들을 끌어들여 비난을 듣기도 한다.
- 새로운 시도를 성급하게 하여 실수하는 경우도 있다.

◆ 학생에게 적합한 진로 및 환경

- 스스로 문제 해결방식을 생각해 내는 것으로 평가받을 수 있는 일
- 훌륭한 아이디어를 발전시켜 평가받을 수 있는 일
- 관료적이지 않은 직장
- 선구자적 시도를 추진하는 과정 중에 발생할 수 있는 실수에 대해 엄격하지 않은 직장
- 자기 결과물의 평가가 상사의 주관적 판단에 의해 좌우되지 않는 일
- 인간관계보다 업적으로 평가받는 직장
- 자신의 아이디어를 실천하는 데 형식적인 허가과정을 많이 거치지 않아도 되는 일
- 개인 사생활에는 보수적인 잣대로 간섭하지 않는 직장

◆ 학생에게 적합한 직업군

[학문 & 연구 분야] 인문과학 교수, 사회과학 교수, 자연과학 교수, 연구원, 경영학자, 경제학자, 정치학자, 철학자

[언론 분야] 논설위원, 칼럼니스트, 평론가, 신문 · 잡지 · 방송기자, 자유기고가, 출판 기획자, 편집자, 앵커

[테크놀로지 분야] 건축가, 컴퓨터시스템 분석가, 네트워크 통합 전문가, 발명가, 컴퓨터 프로그래머, 도시계획 설계자, 교통설계자

[보건의료 분야] 연구의, 정신과의사, 임상심리학자, 약리학자

[크리에이티브 분야] 프로게이머, 아트디렉터, 자동차 디자이너, 인테리어 디자이너, 조경건축가, 큐레이터

◆ **학생에게 적합한 학과**

[학문 & 연구 분야] 언어학, 지리학, 문헌정보학, 문화학, 고고학, 역사학, 지역학, 철학, 사회학, 인지과학, 물리학, 반도체과학, 생물학, 유전공학, 화학, 생화학, 정밀화학, 천문우주과학, 대기과학, 지질과학, 수학

[언론 분야] 신문방송학, 언론학, 출판미디어학, 미디어영상학

[테크놀로지 분야] 건축공학, 도시공학, 환경공학, 컴퓨터산업공학, 인터넷학, 게임개발학, 게임소프트웨어학, 화학공학, 생명공학, 전기전자공학, 토목공학, 기계공학, 금속공학, 세라믹공학, 동물공학, 축산학, 식물공학, 식품공학, 환경임산학, 수산공학, 냉동공학, 해양환경공학, 해양생물학

[보건의료 분야] 한의예학, 대체의학, 의예학, 의학, 치의예학, 약학, 제약(공)학, 한약학, 생약학

[크리에이티브 분야] 의류학, 의상학, 주거환경학, 큐레이터학, 웹마스터학, 번역학

(2) 정수의 사례

❶ 사례정리

정수는 활달한 성격과 훤칠한 외모를 가진 중학교 2학년 남학생이다. 초등학교 때에는 학습흥미가 전혀 없고, 꿈과 시간에 대한 개념이 없어서 힘들었다. 반면에 게임에 대한 집착이 강해서 PC방이나 집에서 컴퓨터게임에 집중하는 시간이 많았다. 학교 갔다 집에 오는 길에 친구들이 있으면 자연스럽게 어울려서 PC방에서 게임을 하고 늦은 시간에 집에 온다. 방과 후 계획은 순간 모두 없어져 버린다. PC방은 학교 근처에 있는 곳이 아니라 주로 먼 곳을 이용한다. 부모들은 이곳저곳을 찾아다니다가 지쳐서 집에 들어오고, 집에서 정수가 올 때까지 기다린다. 이런 일이 계속 반

복되고 있다.

초등학교 때부터 중학교 1학년까지 학습적인 면에서는 모든 곳에서 머리가 좋다는 말을 많이 들었다. 한 번 가르쳐 준 학습내용은 이해와 습득이 우수하지만, 시험만 보면 성적이 아주 낮게 나온다. 정수는 낮게 나온 성적에 대해 관심도 없고, 게임에만 집중하는 경향이 있다. 엄마는 이런 모습이 걱정이 되어 상담을 요청했다. 정수가 자신의 꿈을 찾으면 지금의 태도가 많이 변화될 것이라는 희망을 가지고 있다. 가족 구성원으로는 성격이 불같지만 아들에 대한 믿음이 큰 아빠, 항상 정수를 기다려 주며 정수가 잘못을 했어도 화를 먼저 내기보다 무엇을 잘못했는지 알려 주는 양육방법을 적용하는 엄마, 형에게 순종하는 남동생이 있다.

❷ 진로검사 및 원인분석

정수는 독창성과 개성을 중시하는 혁신자적 성격이다. 기존의 틀을 깨고자 노력하면서도 객관적이고 논리적인 해결책을 찾고자 하는 학생이다. 자극과 도전을 좋아하고 자신이 관심 있는 일에 대해 열정을 갖고 몰두하는 성향이 강하다. 아이디어가 많고 호기심이 많아 다양한 경험을 선호한다. 일단 부딪쳐 보는 성격으로 자신의 직관과 영감에 의존할 때도 많으며, 때로는 다른 사람이 쉽게 받아들이기 어려운 생각도 구현하기를 포기하지 않는다. 다른 사람들을 자신이 진행하는 일에 개입시키려고 설득하는 경우도 많다.

많은 사람들과의 만남을 즐기며 모임에서 자신의 생각을 자주 표현하며 일을 진행하고 싶어 한다. 항상 변화를 추구하고 일을 벌여야 하는 외향적인 성격으로 여러 가지 문제에 대해 관심이 많고, 학습능력이 매우 우수하다. 하지만 정수의 다양한 관심이 공부에 방해되는 잡념으로 여겨지는 우리나라의 치열한 학교 수업 상황에서는 이러한 성격이 불리하게 작용할 수도 있다. 개인의 개성을 인정하지 않거나 생각이 규범적인 사람들과 생활하는 환경이 힘들 수 있다. 재미없는 일, 지루하고 조용하고 반복되는 일상을 지속하는 인내력이 부족한 편이어서 획일적인 학교 수업은 힘들 수 있다.

적성은 공학계열이 다른 영역보다 우수하게 나왔다. 이과 쪽에 많은 흥미를 느꼈다. 특히 건축, 컴퓨터 분야에 많은 흥미를 가지고 있었다. 학교에서나 학원에서 학습능력이 매우 우수하다는 말을 많이 들었던 부모님은 정수에게 거는 기대가 아주 컸다. 그러나 자신이 가지고 있는 능력보다 지금 수행하고 있는 능력은 많이 부족해 보였다. 따라서 진로성숙도는 많이 낮게 나왔고, 특히 진로정체감, 진로준비도가 아주 낮게 나왔다.

정수는 학습적 능력이 많고 객관적이고 논리적인 성격을 갖고 있지만 학습성적이 많이 낮다. 또 자신이 할 일에 대한 인식도 낮아서 그날의 할 일에 대한 순위가 갑자기 바뀌는 상황이 빈번하게 일어나고 있다. 그중 매일 순위에서 가장 우선되는 것은 게임이었다. 이 원인은 자신에 대한 이해가 많이 부족하고 학업흥미도가 낮기 때문에 나온 상황으로 보여진다. 그중에서도 특히 컴퓨터에 집착했던 이유는 단순히 게임만 즐기기 위해서가 아니라 컴퓨터에 대한 기술이 다른 학생들보다 우수했기 때문이었다. 정수는 자동차에 관한 정보에 관심이 많았으며 지식도 풍부했다. 또한 컴퓨터를 활용해 자동차의 모양과 색깔을 다양하게 변형시킬 수 있었다.

진로탐색

성격	능력	적성	흥미	부모가 자녀에게 거는 기대	진로성숙도
외향성/논리적	높음	공학계열	테크놀로지	상	하

❸ 상담목표 설정 및 진로상담 과정

정수는 뛰어난 학습능력, 남보다 우수한 컴퓨터기술, 협동할 수 있는 성격 등을 가지고 있지만, 학습성취는 낮고, 환경적 자극에 약하다. 그러므로 자신에 대한 이해와 자신의 꿈의 로드맵을 찾는 것으로 상담목표를 정했다.

먼저 나는 누구인지를 이해하도록 했다. 자신의 성격, 흥미, 능력, 적성에 대해 찾아보았다. 자신이 무엇을 좋아하고, 잘하는지, 어떤 성격인지 등에 대한 정확한 이해를 갖도록 했다. 자신의 컴퓨터에 대한 탐구적 강점과, 수행 부분에서 많이 약한 부분을 찾아내서 강점을 개발했고 약점을 찾아 보완하는 작업을 했다.

둘째, 다양한 직업세계에 관한 정보를 여행하였다. 자신에 대한 정보를 수집했다면 그다음으로 중요한 활동은 직업에 대한 정보를 여행하는 것이다. 과연 어떤 직업들이 있는지, 직업세계에 대한 정보들을 탐색해 자신이 잘하는 것과 관련시켜 http://www.work.go.kr에서 정보를 찾아보고 수집하였다. 주로 건축학과와 정보통신 관련직 분야에 대한 직업동영상을 보면서 많이 탐색하였고, 정보수집도 하였다.

셋째, 하고 싶은 진로의 목록을 만들어 보았다. 직업여행을 통해 자신이 관심을 가졌던 모든 직업들을 기록해 보았다. 혹시 이전에 관심을 갖고 있었거나, 주변에서 추천하는 직업들도 다시 생각해 보도록 하였다.

정보통신 관련직과 컴퓨터 관련직으로서 여러 분야의 직업들에 대한 정보를 수집했다. ERP 전문가, 컴퓨터 시스템 설계 및 분석가, 시스템소프트웨어 프로그래머, 통신공학 기술자, 웹마스터, IT 컨설턴트, 디지털 음성처리 전문가, 인공위성 관제원, 네트워크운영 관리자, 방송송출 장비기사, 컴퓨터 모바일게임 기획자, 컴퓨터 시스템 감리기술자, 검색기획전문가, 3D 콘텐츠 관련 직업, 통신장비 설치 및 수리원, 응용소프트웨어 프로그래머, 컴퓨터보안 전문가, 첨단융합산업, 온라인게임 프로그래머, 게임기획자 등에서 자신이 관심을 가졌던 직업을 기록하였다. 정수는 그중 시스템소프트웨어 프로그래머, 컴퓨터 모바일게임 기획자, 통신공학 기술자, 응용소프트웨어 프로그래머, 컴퓨터 시스템 설계 및 분석가를 적었다.

넷째, 자신이 좋아하는 위인이나 친구, 선배 등을 통해서 닮고 싶은 부분에 대해 따라잡기를 하였다. 그리고 건축가와 컴퓨터공학을 전공한 대학생 선배들과의 만남을 통해 전공 및 진로에 대해 이야기하면서 같이 고민하는 시간도 마련하였다. 정수는 대학생 선배들과의 이야기에서 많은 도움을 얻은 것 같았다. 선배들은 자신의 중학생 때 생활과 공부했던 방법 등에 대해 솔직하고 구체적으로 이야기해 주었다.

다섯째는 정수의 꿈을 그려 보기로 하였다. 정수는 컴퓨터프로그래머에 많은 관심을 나타내었다. 지금까지의 정보를 정리해 보고, 정수가 개인적으로 더 알고 싶은 사항들에 대한 정보들을 수집하였다. 그리고 정수가 선택한 꿈에 대한 구체적인 진로계획을 세워 보았다. 자신이 선택한 진로를 위해 어떤 과정을 거쳐야 하는지, 어떤 자격사항이 필요한지 등에 대한 정보들을 확인시켜 주었다.

마지막으로 진로계획을 성실히 실행하기로 하였다. 아무리 자신에게 적합한 진로를 합리적인 진로의사결정에 의해 선택하고, 그에 대한 구체적인 진로계획을 잘 세웠다고 하더라고 자신의 계획을 실행하지 않는다면 지금까지의 모든 노력은 아무런 결실을 볼 수 없다. 따라서 정수가 진로계획을 성실히 수행하도록 단기목표를 먼저 세워서 실행하도록 도왔다.

정수는 공부를 하는 이유에 대한 인식이 부족하고 시간에 대한 통제능력이 많이 낮았는데, 대학생 형처럼 컴퓨터를 전공하는 로드맵을 그려 보고 난 뒤 공부를 해야겠다는 생각을 갖게 되었다.

다음은 계획을 세워 실행하도록 단기목표를 세웠다. 학교 끝나고 바로 집에 오기, 학원 안 빠지고 가기, 숙제 잘 하기 등 제일 먼저 고쳐야 할 부분부터 고쳐 나갔다.

❹ 개인 학습계획 개발 및 실행

정수는 자신의 생각에 의해 생활하는 것이 아니고 무의식 속에서 몸에 붙은 습관에 의해서 움직이는 것이 많았다. PC방이 가고 싶으면 엄마와 아무리 약속을 해도 게임이 우선이었고, 집에 오거나 학원에 가다가 친구를 만나면 아무 생각 없이 따라가 놀다가 늦은 시간에 집에 귀가하는 일이 많았다. 학원에 가서도 단지 수업만 들을 뿐, 자기 스스로 공부를 해 본 적은 아주 드물었다. 그러므로 먼저 동기를 찾기 위해 진로 로드맵을 찾도록 했다. 여러 분야의 대학생 선배들과의 대화에서 자신이 생각한 꿈을 더 구체화시켜 주었다. 선배들의 학교생활, 공부하는 방법, 독서하는 이유 등에 대한 생각들을 들으면서 자신의 생각과 생활을 조금씩 구체화하도록 했고, 왜 공부를 해야 하는지에 대한 생각도 구체적으로 갖게 했다. 즉, 학습의 동기를 갖게 했다. 그러면서 단기목표 속에 학습도 같이 넣어 생활 및 학습습관 등을 수정해 나갔다. 먼저 시간을 지키는 훈련을 했고, 다음은 규칙적인 학습을 하도록 도왔다. 매일 계획표에 숙제와 학습목표, 개선해야 할 생활습관을 적어 가면서 자신의 수행 모습을 꾸준히 기록해 보도록 한 결과 85%까지 수행능력을 올리게 되었다.

❺ 진로상담 효과

정수는 자신에 대한 이해도가 전혀 없고, 시간에 대한 인식이 많이 부족했으며, 학습에 대한 흥미가 전혀 없는 문제점을 가지고 상담을 시작하였다. 진로 로드맵을 통해 자신의 이해도가 많이 향상되었고, 시간에 대한 인식도 많이 향상되었다. 부모와의 약속은 거의 지키려고 노력하였다. 자신의 꿈이 생긴 다음에는 학습에 대한 흥미도 높아져서 학습습관이 많이 좋아졌다. 그 결과 학습성적도 평균 60점대 초반에서 80점대 초반으로 많은 향상을 보였다. 정수는 특히 진로상담에서 선배들과의 대화를 통해 많은 도움을 받은 것 같았다. 여러 분야의 선배들이 겪어 온 이야기 속에서 자신의 꿈을 더욱더 구체화시켰으며, 꿈을 실현시키기 위하여 단기계획을 세워 실천하였다. 2학년 때보다는 3학년 초반에 많은 생각의 변화가 생겼다. 학교에 갔다 곧장 집으로 오는 것은 물론, 자신이 가야 할 학원도 스스로 챙겨서 갔다. 변화로는 과학과목과 수학과목에 대한 흥미도가 가장 높아졌고, 학업성취도 가장 높게 나왔다.

2) 능력

(1) 능력에 대한 이론적 배경

우리나라 대부분의 청소년들은 진로를 준비하는 중요한 시기에 입시준비에만 급급하여 정작 중요한 진로선택에서는 자기 자신의 적성이나 가치관에 대한 깊은 고민 없이 사회적인 통념과 학부모의 권유, 그리고 성격에 맞추어 우발적이고 순간적인 결정을 하는 경향이 있다(한국진로교육학회, 1999). 그 결과 상당수의 청소년들이 한창 자신의 능력을 발휘하고 도전해야 할 시기에 '내가 누구인가', '나에게 적합한 일은 무엇인가' 등에 대하여 뒤늦게 고민과 방황을 하고 있다. 이는 곧 청소년기 진로교육이 그 역할을 다하지 못했음을 단적으로 드러내는 것이라고 할 수 있다. 중학교 학생들은 진로성숙, 흥미, 가치관, 태도 등에 있어서 개인차가 심하고, 진로선택에 있어서도 부모, 친구, 교사 등 주변인들의 영향을 많이 받는다(전채기, 1991). 그러므로 우선 자신의 특성에 대한 객관적 이해가 성숙해야 하며 자기탐색과 관련지을 수 있는 진로교육활동이 필요하다(김충기, 2000).

이처럼 진로교육에 있어서 필수적인 것이 자신의 흥미와 적성을 이해하고 직업을 탐색하는 과정이라고 볼 때, 이를 잘 뒷받침해 줄 만한 이론이 다중지능이론이라 할 수 있다. 기존의 전통적인 개념은 학업성취에 대한 예측력이 높은 요소들, 즉 언어적 능력이나 논리 수학능력 등을 주요한 능력으로 보았다면, 요즈음 능력의 개념은 기존의 개념보다는 더 넓은 시각으로 확장됐다. 특히 환경적 맥락, 예술적 능력, 창의성도 능력에 포함시키는 다중지능이론은 1990년대 후반부터 진로연구 및 진로교육 분야에서 중요한 이론적 토대 및 연구 주제로 등장하게 되었다. 따라서 이 이론을 활용한 진로교육 프로그램들 역시 자신의 잠재능력을 개발하여 꿈을 성취해 보겠다는 능동적인 삶의 자세와 자신의 진로를 개척할 수 있는 능력을 기르게 하는 장점을 가지게 되었다(김주현, 2005).

중학생 시기는 잠정적으로 진로를 계획하고 직업을 탐색하는 시기이다. 이 시기에 다중지능에 기초한 강점 능력을 개발해서 진로목표를 설정하고, 그 목표에 도달하기 위해 계획을 세우는 능력, 진로결정에 필요한 준비, 자신에 대한 이해 및 다양한 일과 직업세계에 대한 이해를 향상시킴으로써 중학생의 진로의식을 성숙시킬 필요가 있다.

◆ 학생의 강점

① 실용적이고 현실감이 있다.
② 목표를 향해 팀을 이끌어 나가는 추진력이 있다.
③ 책임감이 강하고 약속과 규율을 잘 지킨다.
④ 의사표시가 분명하다.
⑤ 일관성이 있다.
⑥ 객관적이고 논리적이다.

⑦ 사교적이고 활발하여 대인관계가 넓다.

◆ **학생이 보완할 사항**

① 열린 마음으로 새로운 의견을 받아들이는 것이 어려울 수 있다.

② 일을 위주로 결정을 하면서 다른 사람에게 미치는 영향을 충분히 고려하지 못한다.

③ 사람들의 마음에 대한 배려가 부족할 수 있다.

④ 자기 방식대로 일을 추진하여 다양한 의견을 고려하지 못할 수 있다.

⑤ 갑작스러운 상황에서 순발력 있게 대처하는 것이 어려울 수 있다.

⑥ 지침이 명확하지 않거나 상상력을 가지고 스스로 해결해야 하는 업무가 주어지는 경우 스트레스를 받는다.

⑦ 완고하다는 평을 들을 수 있다.

◆ **학생에게 적합한 진로 및 환경**

• 필요한 기술을 숙달하고 이 능력을 계속 사용하는 일

• 목표와 일의 내용이 명확히 정해져 있는 일

• 공정하고 분명한 기준으로 평가받을 수 있는 일

• 안정적이고 예측 가능한 일

• 오랫동안 같은 업무를 하여 쌓인 노하우로 할 수 있는 일

• 일을 하기 위해 준비할 시간이 충분히 주어지는 일

• 건실하고 상식적인 사람들과 함께 일할 수 있는 직장

• 자신의 의견이 잘 받아들여지고 타인들에게 영향력을 행사할 수 있는 일

• 원칙을 지키고 한곳에 노력을 경주하면 성공할 확률이 높은 일

◆ **학생에게 적합한 직업군**

[행정 & 관리 분야] 행정가, 단체장, 대민관련 공무원, 보건의료 행정가, 공보관, 경찰, 형사, 군장교, 보호감찰관, 교도관, 생산/운영/판매부서 관리자, 연구개발부서 관리자, 직무분석 전문가, 숙박 및 음식점 운영관리자, 경호원, 경비대행업, 물류관

리사, 보험사기 조사관, 시장조사원, 사회조사분석가

[회계/금융/컨설팅 분야] 창구업무 은행원, 대출담당자, 주식중개인, 보험대리인, 선물거래 중개인, 구매부서관리, 은행감독관, 재정 및 신용분석 전문가, 공인회계사, 손해사정인, 재정감사원, 부동산감정사, 금융컨설턴트

[비즈니스 분야] 국제회의전문가, 구매담당자, 프로젝트 책임자, 일반사무직, 기업고위임원, 경영부서 관리, 인사 및 노무관계 부서관리, 보험설계사

◆ **학생에게 적합한 학과**

[법률 & 행정 분야] 행정학, 행정정책학, 행정서비스학, 법학, 경찰학, 경호학, 정치학

[비즈니스 분야] 경영학, 금융학, 회계학, 통계학, 경영비서학, 소비자경제학, 가정관리학, 생활경영학

[보건의료 분야] 임상병리학, 방사선학, 재활공학, 치기공학, 의용공학, 안경광학, 보건위생학, 산업안전보건학, 의예학, 의학, 치의예학, 한의예학, 약학, 제약(공)학, 한약학, 생약학, 간호학, 물리치료학, 작업치료학, 직업재활학, 언어치료학, 치위생학

[교육 & 휴먼서비스 분야] 과학교육학, 교육공학, 평생교육학, 체육지도학

[학문 & 연구 분야] 물리학, 반도체과학, 생물학, 유전공학, 화학, 생화학, 정밀화학, 천문우주과학, 대기과학, 지질과학, 수학, 인지과학, 문헌정보학, 언어학, 지리학, 역사학, 고고학, 지역학

(2) 훈이의 사례

❶ 사례정리

훈이는 중학교 2학년 남학생으로서 진로에 대해서 많이 고민하고 있는 학생이다. 엄마는 훈이가 문과와 이과 중 어디에서 능력을 발휘할 수 있는지를 알고 싶어 했다.

　초등학교 때부터 지금까지 학원에 다녀 본 적이 없던 훈이는 과학에 흥미가 있어서 과학고에 가기 위해 전문 학원에 다니기 시작하였다. 훈이는 학원에서도 학업능력이 뛰어나서 과학고에 갈 수 있는 좋은 능력을 갖추었다는 이야기를 들었고, 친구

들과의 교우관계도 좋은 편이다. 학원을 두 달 정도 다닐 때쯤 학원 선생님 한 분으로부터 과학고도 좋지만 외국어고도 생각해 보라는 권유를 받았다. 계속적인 권유에 훈이는 자신의 진로에 대해 다시 한 번 고민하기 시작했고, 엄마와도 많은 얘기를 나누었다.

훈이의 가정환경을 보면, 아버지는 가정에 충실하고, 항상 훈이의 말과 생각을 들어주는 분이다. 훈이와 생활하는 시간을 많이 갖기 위해서 산책도 같이하고, 목욕탕에도 같이 가며, 가끔은 산에도 동행한다. 어머니 또한 훈이와 소통을 많이 하는 편이다. 어머니의 양육방법은 공부 때문에 자신이 해야만 하는 생활에 특혜를 주지 않는다. 훈이가 학원에 가는 도중에 차비를 안 가져갔을 때 가져다주지 않고 학원이 늦어도 본인이 직접 와서 가져가게 했다. 훈이네 가족은 각자 집안일에 역할이 있다. 그중 훈이는 음식물 쓰레기 버리는 일을 맡았는데, 학원에서 늦게 와도 밤에 음식물 쓰레기를 버려야 했다. 방도 자기 스스로 치우도록 했다. 공부 때문에 자신이 해야만 하는 일을 면제받지는 않았다. 초등학교 6학년 여동생도 오빠와 소통이 원활하고, 자신이 맡은 일에 충실하다.

이런 양육을 받은 훈이는 또래 친구들보다 많이 성숙했고, 자신에 대한 이해도 높아 보였다. 또한 초등학교 때부터 지금까지 학업성적이 우수했고, 리더십이 강해서 반 회장은 물론 전교 회장까지 했다. 자신이 원하는 것과 하고 싶은 것을 정확하게 하는 학생이었다. 그런 훈이였기에 과학고와 외국어고 진학 중 어느 곳을 가야 하는지에 대한 고민이 컸고, 전문가로부터 진로상담을 받고 싶은 마음에 엄마에게 제안을 해서 오게 되었다.

❷ 진로검사 및 원인분석

훈이의 능력은 아주 우수한 수준으로, 추상적인 사고와 실재적인 사고 모두에서 능력을 드러낼 수 있다. 단어나 문장의 사용, 문장에 대한 이해 등 언어계열에 대한 능력이 전반적으로 높고, 수에 대한 이해 및 응용, 추리능력 등 수리계열에 대한 능력도 높으며, 사물의 형태를 파악하고 추리하는 지각인식계열에 대한 능력까지 우수하다. 그러므로 언어를 주로 사용하는 계열과 수리영역에서 능력을 잘 발휘할 수 있으리라 생각된다. 특히 언어와 관련된 일에서 자신의 능력을 발휘하고 두각을 나타낼 수 있다. 발표와 글쓰기, 언론, 리더십, 기획과 실행, 법조인 등의 영역에서 자신감과 능력을 가지고 있다.

훈이의 적성은 문과계열 중 사회계열로, 흥미는 법률·행정분야로 분석되었다. 이 분야의 논리적이고 분석적인 업무는 훈이에게 상당히 잘 맞을 수 있다. 관료적일 수 있으나 규칙과 선례가 준수되는 직업환경도 성격적으로 일치한다. 판·검사, 변호사, 법무사, 행정가, 정책집행관 등의 업무는 개인의 개성이나 상상력보다는 보편적 상식에 근거한 판단이 요구되는 일이기 때문에 훈이에게 잘 맞을 수 있다. 또한, 공과 사를 잘 구분하고 객관성을 유지할 수 있기 때문에 정부기관의 공무를 맡기에 적합할 수 있다.

훈이는 성격적으로 특히 육감보다는 실제의 경험을 매우 중시하며, 미래보다는 현재에 초점을 맞추고 정확하고 철저하게 일을 처리하려는 경향이 잘 발달하였다. 또 기한을 엄수하고 철저히 사전계획하며 체계적인 일처리를 한다. 논리적, 체계적, 객관적이며 책임감까지 갖춘 성실한 지도력이 있는 학생이다. 또 실질적이고 현실감각이 뛰어나며 일을 조직하고 계획하여 추진시키는 능력이 있다. 기계분야나 행정분야에도 재능을 가졌으며, 체계적으로 사업체나 조직체를 이끌 수 있는 힘이 크다. 타고난 지도자로서 일의 목표를 설정하고, 지시하고 결정하고 이행하는 능력이 있다. 결과를 눈으로 볼 수 있는 일, 즉 사업가, 행정관리, 생산건축 등의 분야에서도 능력을 발휘할 수 있다.

훈이는 문과와 이과 부문에서 모두 우수하게 나왔다. 그래서 모든 영역에서 우수한 능력을 발휘해 선생님들에게 인정을 받는다. 도전의식이 강하고 새로운 곳을 탐구하고 싶은 성향 때문에 과학고를 선택했지만, 언어영역에도 뛰어나 선생님에게 인정을 받은 후 진로에 대한 혼란이 생겼다. 훈이가 외국어고보다 과학고를 선택한 가장 큰 이유는 초등학교 때 친구의 영향이 크다. 친구의 아빠가 과학 선생님이었는데, 그 친구와 같이 몇 달 동안 과학을 공부하면서 많은 재미를 느꼈다. 훈이가 처음

접한 과목이 과학이었고, 게다가 재미까지 느끼게 되어 자연스럽게 과학분야로 꿈을 꾸게 된 것이다. 그 후 다른 분야에 대한 인식이 전혀 없이 중학생이 되었고, 다른 분야에서도 자신의 능력이 다양하게 나와 진로에 갈등을 겪게 되었다. 훈이는 여러 방면에서 능력이 많은 학생이었지만, 자신의 정확한 꿈에 대한 인식은 부족했다. 과학고에 대한 정확한 정보도 알지 못했으며, 자신의 진로탐색도 전혀 되어 있지 않은 상태였다.

진로탐색

성격	능력	적성	흥미	부모가 자녀에게 거는 기대	진로성숙도
외향성/논리적	높음	사회계열	법률, 행정	상	상

❸ 상담목표 설정 및 진로상담 과정

훈이는 모든 분야에서 우수한 능력을 가지고 있고 자기 의사가 분명하며 옳고 그른 것에 대해 주저 없이 의견을 표시하는 능력을 가지고 있다. 또 타고난 지도자로서 일의 목표를 설정하고, 지시하고 결정하고 이행하는 능력이 있다. 그러나 자신의 진로에 대해 갈등을 겪고 있는 상태로, 그 원인을 자신에 대한 이해와 진로정보의 부족으로 보고 능력에 맞는 꿈을 찾는 것으로 상담목표를 삼았다.

먼저 자기이해를 도울 수 있는 상담을 하였다. 자기이해를 발전시키기 위해서 검사 결과를 가지고 능력, 성격, 흥미, 가치관 등을 찾아보았다. 전 분야에서 능력이 우수했지만 이과보다 문과의 언어분야에서 탁월한 우수성을 찾아냈다. 성격을 이해하기 위해서 훈이 스스로 생각한 '나'의 성격을 잘 표현하는 단어들을 기록해 보게 하였는데, '논리적, 활발한, 남의 이야기를 잘 들어줌, 활동적인' 등의 단어를 기록하였다. 이 단어를 근거로 활동적, 사교적, 객관적, 논리적인 성격으로 자신을 이해하였다. 흥미검사 결과로는 훈이가 좋아하지만 잘하지 못하는 일이 있는 반면, 잘하지만 좋아하지 않는 일도 있었다. 그래서 훈이에게 좋아하면서 잘할 수 있는 일이 무엇인지 찾도록 했다. 먼저 자신이 조금이라도 잘한다고 생각하는 것을 적게 하였다. '공부를 잘한다, 영어를 잘한다, 말을 잘한다, 새로운 영역을 탐구하는 것을 좋아한다, 책 읽는 것을 좋아한다, 노래하는 것을 좋아한다' 등을 적었다. 가치관 항목에서는 명예, 창의성, 리더십, 성취 등으로 우선순위가 정리되었다.

둘째, 인터넷 정보사이트를 통해 고등학교에 대한 정보를 스스로 찾아보았다. 먼저 과학고등학교와 외국어고등학교, 일반고등학교에 대한 정보를 커리어넷(http://www.career.go.kr, 학교 유형별 검색 가능), 학교알리미(http://www.schoolinfo.go.kr, 단위학교별 정보 검색 가능)에서 같이 탐색하였다. 훈이는 초등학교 때 과학선생님이었던 친구 아버지에게 재미있게 학습지도를 받은 경험이 컸다. 그래서 다른 과목에 비해 과학을 더 많이 접하게 되었고, 자연스럽게 과학고를 선택하게 되었다고 이유를 설명하였다.

셋째, 빠르게 변화하고 있는 미래 직업세계에 대해 파악하기 위해 21세기 성장 가능한 직업을 같이 탐색해 보았다. 컴퓨터산업관련 직업, 첨단과학관련 직업, 세분화·전문화로 파생되는 직업, 창의성·개성이 강조되는 직업 등에 관해서 탐색하였다. 훈이는 세분화·전문화군에서 언론 부문에 관심을 보였다. 다음은 직업의 종류에 대해 알아보았다. 커리어넷(http://www.career.go.kr)을 통해 관심이 있는 신문방송기자, 노사분쟁전문 판사, 마케팅조사가, 임금연구가, 노동법학자, 인사관리전문가, 채권딜러 등에 대한 정보를 탐색했다. 새로운 직업에 대해서 열심히 탐색하는 모습이 보였다. 특히 언론분야에 관심을 보였다.

넷째, 능력, 학업성취, 진로성숙도가 높은 훈이는 직업탐색 결과를 총정리하여 진로계획을 세웠다. 성격, 능력, 가치관, 희망학교, 미래의 가능성순으로 정리를 해나갔다. 다양한 방면에서 능력이 많았던 훈이는 리더십, 창의성, 뛰어난 언어능력을 바탕으로 직업탐색에서 관심을 보인 언론분야로 자신의 꿈을 정했고, 그 결과 어려서부터 당연한 진로로 여겼던 과학고를 포기하고 외국어고 진학으로 진로를 수정하였다.

❹ 개인 학습계획 개발 및 실행

훈이는 스스로 자기주도적 학습이 가능한 학생이다. 초등학교 때부터 자신이 관심 있는 분야에 대한 책을 찾아 읽고, 그것을 학습에 자연스럽게 적용하였다. 훈이 어머니는 훈이에게 책의 종류에 대해 강요하지 않았고, 학습이나 독서를 위한 강화는 사용하지 않았다.

항상 훈이 스스로 선택하게 하였고, 무리한 강요는 하지 않았다. 그렇지만 훈이는 학교 수업활동에는 능동적으로 참여하였고, 수업태도도 성실하였다. 또한 전교 회장을 하면서 봉사정신은 물론 리더십도 키우며 중학교 시절을 보냈다.

❺ 진로상담 효과

훈이는 많은 능력을 가지고 있지만 자신의 꿈이 정확하게 그려지지 않아서 많은 고민을 가지고 있었다. 자신에 대한 이해를 통해서 자신의 능력과 좋아하는 것, 하고 싶은 것에 대해 정확한 인식을 하였다. 고등학교에 대한 정보 탐색을 통해서 훈이가 가고 싶었던 고등학교에 대해 정확히 이해할 수 있었다. 자신이 가지고 있는 능력을 가고 싶은 고등학교에서 잘 활용할 수 있는지에 대해서 상담하였다. 진로탐색 결과 모든 영역에서 우수하게 활동할 수 있지만 과학보다는 언어와 외국어 능력에서 매우 우수한 능력이 있다는 것을 알게 되었다. 직업탐색을 통해서 자신의 꿈을 더 확실하게 그릴 수 있게 된 것이다.

자신이 많이 접한 과목으로 자연스럽게 진로를 정해 과학고를 준비하던 훈이는 진로탐색을 통해 자신이 잘하는 것과 하고 싶은 것을 정확히 찾게 되었고, 그 후 외국어고등학교로 진로를 바꾸고 더 열심히 자신의 꿈을 색칠하며 생활하고 있다.

3) 적성

(1) 적성에 대한 이론적 배경

지식정보화 사회에서는 유능한 인재를 개발하기 위하여 각자의 소질과 적성에 맞는 분야에 뛰어난 학생, 자신의 잠재능력을 최대한 발휘할 수 있는 학생을 필요로 한다. 그러므로 진로교육은 개인의 소질과 적성을 조기에 계발함으로써 개인적으로는 자아실현을 목표로 하고 사회적으로는 변화하는 직업세계에 적응하고 대처할 수 있는 능력을 길러 준다.

적성이란 어떠한 과제나 임무를 수행하는 데 있어 개인에게 요구되는 특수한 능력 또는 잠재적인 성공 예견 능력이다. 임인재(2002)는 지적 능력을 일반적으로 지능, 창의력, 적성 등으로 나누면서 지능은 매우 넓은 분야에 걸친 성공 가능성을 설명하지만, 적성은 구체적인 과업에 대한 문제 해결력 또는 어떤 특정한 직업에서의 장래 성공 가능성을 설명한다고 하였다. 따라서 적성은 개인의 잠재적 능력, 직업에 요구되는 적응능력의 자질이 포함되어 있다. 또 넓은 의미의 적성이란 때때로 능력(ability)이란 낱말과 서로 교환해서 사용되고 있으며, 일반적으로 교과영역에서나 한 직업분야에 관련된 어떤 일에 숙달되는 개인적 능력을 의미한다. 이러한 수준에서 적성이라는 넓은 뜻의 개념 속에는 한 학문분야에서나 직업분야에 관련된 지적 능력뿐만 아니라 그곳에서 요구되는 성격적 적합도나 직업적 흥미와 같은 정의적인 특성이 중요한 지표가 되고 있다. 좁은 의미에서 적성이란 어떤 과제나 임무를 학습하는 데 있어서 개인에게 요구되는 특수한 능력이나 잠재능력으로 어떤 특수한 분야에서 잘할 수 있는 개인의 능력이다(임두순, 1993). 즉, 적성은 구체적인 특정 활동이나 작업에 대한 미래의 성공 가능성을 예언한다고 볼 수 있다(김충기, 2000).

진로교육에서 적성은 학생들의 개성을 발달시키는 데 기여한다. 개인의 욕구가 다르므로 개성을 존중해 줌으로써 개인의 능력을 발휘할 수 있게 하고, 창조능력을 향상시킬 수 있게 한다.

◆ **학생의 강점**

• 자기의 외부 세계에 관심이 많다.

• 이상을 구현하고자 하는 열의가 있다.

• 사람들을 감동시키는 능력이 있다.

• 모임에서 아이디어를 많이 낸다.

• 창조성과 상상력이 풍부하다.

• 붙임성이 있다.

• 활력이 넘치고 즐거운 분위기를 조성한다.

◆ **학생이 보완할 사항**

• 인간관계에서 갈등이 있으면 일에 타격을 많이 받는 편이다.

• 사람들로부터 일을 인정받지 못하면 흥미를 느끼기 어렵다.

• 객관성을 유지하지 못하고 감정에 좌우될 수 있다.

• 치밀함과 조직력이 부족할 수 있다.

• 자기 말을 정확히 기억하고 책임지는 면이 부족하다.

• 이상을 현실과 조화시키는 것이 어렵다.

◆ **학생에게 적합한 진로 및 환경**

• 다양한 사람들을 만나면서 호기심을 충족시킬 수 있는 일

• 창의적 영감을 활용하는 일

• 재미있고 적절한 변화가 있는 일

• 관료적이지 않은 직장

• 업무의 내용상 사람들로부터 자주 감사 인사를 받을 수 있는 일

• 자신이 한 일에 대해 사람들로부터 인정받고 칭찬받을 기회가 많은 일

• 서로에 대해 관심이 많고 감성이 풍부한 사람들과 일할 수 있는 직장

• 열정과 창조성과 상상력을 인정하고 보상해 주는 환경

◆ 학생에게 적합한 직업군

[휴먼서비스 분야] 커플 매니저, 레크리에이션 지도자, 전문자원봉사자, 사회복지단체 책임자, 봉사단체 운영자, 사회사업가, 사회복지사, 직업상담가, 취업컨설턴트, 임상/상담심리학자, 아동복지상담원, 노인복지사, 응급구조대

[비즈니스 분야] 호텔 매니저, 연회진행자, 여행안내원, 판매직, 영업직, 인사담당자, 노사관계 전문가, 마케팅담당자, 고용담당자, 신용상담원, 쇼핑호스트, 여행상품 판매원, 스포츠마케터, 텔레마케터, 도·소매업, 상품기획자, 광고기획자, 홍보전문가, 부동산 중개인, 동시통역가, 헤드헌터, 연예인 매니저

[크리에이티브 분야] 탤런트, 영화배우, 개그맨, 연예인 매니저, 소설가, 시인, 시나리오작가, 수필가, 번역가, 조각가, 화가, 공예가, 작곡가, 성악가, 악기 연주가, 안무가, 무용가, 모델, 카피라이터, 제품디자이너, 시각디자이너, 조경건축가, 푸드스타일리스트, 요리연구가, 메이크업 아티스트, 패션 코디네이터, 이미지 컨설턴트

◆ 학생에게 적합한 학과

[교육 & 휴먼서비스 분야] 사회복지학, 상담학, 복지심리학, 교육심리학, 평생교육학, 유아교육학, 특수교육학, 보육학, 아동학, 청소년지도학, 인문사회교육학, 어린이영어지도학, 체육지도학

[크리에이티브 분야] 문학, 문예창작학, 번역학, 음악학, 무용학, 미술학, 큐레이터학, 응용디자인학, 출판미디어학, 미디어영상학, 이벤트학, 방송연출학, 연극영화학, 의류학, 의상학, 주거환경학

[비즈니스 분야] 관광학, 통역학, 마케팅학, 항공서비스학, 경영비서학, 벤처경영학, 창업경영학, 가정관리학, 생활경영학

[학문 & 연구 분야] 문화학, 지역학, 역사학, 사회학, 종교철학, 음악이론, 미술이론

[보건의료 분야] 대체의학, 한의예학, 간호학, 치위생학

[법률 & 행정 분야] 외교학, 정치학

(2) 준이의 사례

❶ 사례정리

준이는 중학교 3학년 남학생으로 집에서 잠만 자는 무기력한 학생이다. 엄마는 아이의 적성은 피아노를 치는 것인데 지금은 피아노 연주를 포기했다며, 진로탐색을 통해서 아이의 적성을 다시 찾아 달라고 하였다. 준이는 큰 키에 호감 가는 얼굴을 가지고 있지만 표정은 감정이 정지된 듯한 느낌을 받았다.

준이는 초등학교 5학년 때부터 피아노를 쳤다. 예원중학교를 가기 위한 본격적인 훈련이 시작된 것이다. 작은 방에서 하루에 8시간 이상 피아노를 치던 준이는 점점 힘들어졌다. 많은 대회를 나가 보았지만 장려상을 받거나 아니면 등수에도 들지 못하였다. 그럴 때마다 준이 마음속에는 열등감이 쌓였다. 대회에 나갈 때마다 자존감이 낮아지고 열등감만 쌓여 갔다. 또 2년간 입시 준비로 인해서 친구들과의 관계도 단절되었다. 준이의 성격적 특징도 있지만 친구와 노는 기회가 많지 않은 것 때문에 관계가 많이 소원해진 것 같다. 친구들과의 경험, 자신이 하고 싶은 것에 대한 성취의 경험, 칭찬받아 본 경험, 야단을 맞아 본 경험 등 기쁨, 슬픔 등의 감정 대신 피아노 하나로만 쌓인 힘들고 짜증스러운 경험, 자신이 잘하지 못하는 열등감의 감정만이 학습된 것 같았다.

준이의 가정환경을 보면 아버지는 준이에게 공부를 강요하는 경향이 많으며 일상적인 대화는 하지 않는 편이다. 준이가 하는 행동에 야단을 치거나, 칭찬을 하거나, 같이 힘든 상황을 공감해 본 경험이 없었다. 준이 엄마는 아이에게 피아노만 치는 훈련을 했을 뿐 공부는 못해도 되며 피아노만 열심히 치면 된다는 기술적 양육을 했다. 아이가 잘못했을 때도, 아이가 힘들어할 때도, 아이가 피아노를 치기 싫어할 때도 그 감정을 공감하는 것보다는 무표정으로 양육하였다. 게다가 준이의 큰누나는 지적장애를 가지고 있어서 가족의 관심은 큰누나에게 향해 있었다.

준이 엄마는 큰누나 양육에 대한 죄의식을 느끼면서 준이에게는 허용적 양육을 했다고 하였다. 준이의 작은누나는 가족 내에서 준이의 마음을 가장 많이 이해하며 대화도 가장 많이 한다. 준이의 유일한 대화 창구는 작은누나이다.

준이는 이런 환경적 요인으로 중학교에 올라가면서 학습을 따라가지 못해 수업시간이 많이 힘들었다. 학년이 올라갈수록 수업시간에 학습내용은 더 어려워지고, 학습태도도 나빠져 선생님들의 지적이 계속되었다. 준이는 학교 수업시간에 거의 엎드려 있는 시간이 더 많다고 하였다. 친구와의 대화도 거의 안 하고 혼자서 지낸다. 집에서도 대부분 침대에 누워서 시간을 보내고 있다. 준이는 자신이 잘하는 것이 무엇인지 잘 모르겠고, 공부를 왜 하는지도 잘 모르겠다고 하였다. 준이는 "그냥 누워서 지내면 안 돼요? 난 잘하는 게 없어요. 무엇을 해야 할지도 잘 몰라요. 피아노는 치기 싫어요."라고 말을 하였다. 이런 준이의 모습을 보고 엄마는 준이에게 맞는 진로를 찾아 주고 싶다고 하였다.

❷ 진로검사 및 원인분석

창의적인 영감으로 사람들을 감동시키는 탁월한 능력을 지닌 학생은 영화감독이나 연출자, 영화 및 연극배우, 탤런트, 개그맨, 음악가, 미술가 등과 같은 대중예술 분야에서 잠재력을 최대한 발휘할 수 있다. 특히 이러한 직업에서 자신의 열정을 불태움으로써 주변 사람들에게 희망을 고취시킬 수 있다면 학생의 직업만족도는 상상할 수 없을 정도로 증가될 것이다. 열정적인 에너지를 가진 학생은 다른 사람들과의 교류를 통해서 서로의 창조력을 배가시킬 수 있으며, 더욱 현실감 있게 자신의 창의성을 구현할 수 있다. 그러나 지금 준이는 창의적인 영감 대신 무표정한 감정을 가지고 있다. 새로운 경험이나 환경에 대해 상당한 호기심을 지니고 있고 이런 활동을 통해 성취의 감정을 접할 수 있는 기회가 있었다면 자신의 창의적 잠재력을 펼칠 수 있었을 것이다. 준이가 피아노를 좋아하는 감정을 갖기 전에 기술습득적인 교육을 한 것이 준이를 무표정하게 만든 것 같다.

적성검사 결과 준이는 예능계열이 다른 영역보다 우수하게 나왔다. 흥미는 크리에이티브 분야로 연주자, 무용가와 같은 순수창작예술 분야의 직종으로 나왔다. 그러나 사람들과의 사적인 친밀한 관계가 무엇보다 중요한 준이에게는 경쟁적인 환경이 여러모로 부적합할 때가 많다. 내가 상대방과 경쟁하여 이겨야만 하는 상황은 많은 스트레스를 유발할 수 있으며 자칫 모두의 경쟁심이 자신이 중요하게 생각하는 가치를 평가절하하는 것으로 보이게 할 수 있다. 또한 준이는 자신의 성취 정도를 타인에게 인정받지 못하면 쉽게 실망하고 열등감을 가질 수 있는 성향이 있다. 그러므로 획일화된 피아노 교육이 준이에게는 희망을 버리게 했고, 계속되는 피아노대회 참가가 준이에게 열등감과 실망의 감정을 경험하게 하였다. 이 때문에 준이의 감정은 우울해졌고, 행동은 무기력했다. MMPI(다면적 인성검사) 결과에서는 우울 척도가 높게 나왔다. 이런 무기력함 때문에 진로성숙도는 전 영역에서 아주 낮게 나왔다.

준이는 성격유형 분석에서 개방적, 외향적, 관계지향적인 성격을 가진 것으로 나타났는데 지금의 모습은 전혀 반대적 성향인 폐쇄적이며 내성적으로 보인다. 이는 다양한 감정의 경험이 부족한 탓으로 볼 수 있다. 예술인으로서의 창의력, 남을 감동시킬 수 있는 멋진 감성, 친구들과 어울릴 수 있는 친숙함 등 좋은 자원을 가지고 있지만 준이는 지금 천장만 바라보고 무기력하게 누워 있는 꿈 없는 학생이 되어 버렸다. 면접상담 과정 중 준이는 "음악은 내게 가장 친숙한 것 같은데 만지기가 싫어요."라는 말을 되풀이했다. 준이를 가르치던 모든 피아노 선생님들, 준이가 가장 좋아하는 작은누나 등 주변 사람들은 준이가 음악(피아노 치는 것)에 재능이 있다고 하지만 준이만 피아노에 대해서 흥미를 느끼지 못하고 있다.

진로탐색

성격	능력	적성	흥미	부모가 자녀에게 거는 기대	진로성숙도
외향성/감성적	높음	음악계열	크리에이티브	상	하

❸ 상담목표 설정 및 진로상담 과정

준이는 예능인에게 필요한 뛰어난 영감과 창의력을 가지고 있고, 대인관계도 원만하게 지낼 수 있는 자원도 가지고 있다. 또 자신의 감정을 표현할 수 있는 감성도 가지고 있다. 그러나 지금은 창의성을 사용할 수도, 자신의 감정을 친구에게 표현하는 것도, 학습하는 것도 모두 무기력하다. 이 원인을 부모의 양육태도로 보고 부모와 준이와의 상담에서는 자신의 적성에 맞는 강점을 찾는 것으로 상담목표를 삼았다.

먼저 자신의 과거, 현재, 미래에 대한 감정을 파악하는 상담을 하였다. 과거는 불쌍한 감정카드를 찾았고, 현재는 우울한 감정, 미래는 두려운 감정카드를 찾았다. 과거의 감정부터 살펴보았다. 준이에게 있어 과거의 기억은 작은 사각형 방 안에 피아노와 준이만이 있는 상황으로 자신이 무척 불쌍하다고 표현하였다. 즐거운 감정보다는 힘들었던 감정만 자꾸 생각난다는 것이다. 지금은 우울해서 아무것도 하지 않고 누워만 있는 자신의 모습을 무표정하게 이야기하였다. 미래의 자기 모습은 생각하고 싶지 않다고 하였다. 잘하는 것이 무엇이고, 무엇을 해야 할지 잘 모르겠으며, 수업시간의 공부 내용도 전혀 모르겠다고 하였다. 상담 초반부에는 감정카드를 가지고 카드와 맞는 감정을 경험하는 훈련을 하였다. 과거의 힘들었던 감정을 표현하기, 엄마와 친구들과 대화하면서 화나고, 즐겁고, 속상한 감정을 표현하는 훈련을 하였다.

둘째, 나의 적성 찾기를 하였다. 우선 준이가 가장 잘하는 것이 무엇인지를 생각해 보게 했다. 그리고 흥미와 적성에 대해서 설명해 주었다. "흥미란 어떤 종류의 활동을 내가 얼마나 좋아하는가 하는 것으로 자신이 즐기고 좋아하는 것을 말하며, 적성이란 어떤 능력이나 기술을 요하는 분야에서 그 일을 현재 얼마나 잘할 수 있으며 앞으로 얼마나 잘해 나갈 수 있는지를 말하는 거야."

준이의 적성을 찾아보고 어떤 일에 적성을 가지고 있는지 알아보는 활동으로서 적성검사나 흥미검사와 같은 심리검사를 활용하는 것도 효과적이지만 먼저 자신이 스스로 '나는 무엇을 잘하고 좋아할까?'를 생각해 보게 했다. 그러기 위해 준이가 받았던 사소한 칭찬까지도 모두 생각하게 하였다. 처음에는 칭찬받은 경험이 없다고 하더니 한참 생각하다가 피아노 칠 때 선생님들이 잘한다고 칭찬한 기억을 회상하였다. 다음에는 진로검사 자료를 가지고 내가 잘하는 것과 좋아하는 것을 찾아내도록 했다. 처음에는 조금은 낯설어했지만 회가 거듭할수록 표현하는 능력이 조금씩 늘어났다. 흥미는 테크놀로지 분야를 적었다. 건축가, 디자이너 등 공간적 지능을 필요로 하는 곳에 흥미를 보였다. 그냥 막연하게 관심을 가졌다고 말하였다. 진로검사에서 나온 적성을 가지고 언어로 표현하도록 하였다. "나는 음악하는 것을 잘하는 거 같아.", "나는 음악하는 직업을 하면 아마 잘할 거 같아.", "나는 성악과가 잘 맞을 거 같아."라고 자신의 강점을 정리하였다. 음악을 하는 것은 편한데 아직은 피아노는 하고 싶지 않다고 말했다. 그러나 음악이 다른 영역보다는 편하고 성악에 조금 관심이 생겼다고 하였다. 자신의 강점을 조금은 받아들이는 것 같았다.

셋째, 나에게 가장 소중한 것은 무엇일까? 자신에게 가장 소중한 것과 그 이유를 떠올리고 워크북에 적어 보기로 했다. 돈, 명예 등과 같은 무형인지, 농구하기, 게임하기 등 활동하기인지, 휴대폰과 같은 물건인지를 질문하였다. 소중한 것은 한참 망설이다가 친구랑 놀기, 음악 감상하기, 누나랑 이야기하기 순서로 적었다. 준이가 소중하게 여기는 것에 가치를 부여하게 했다. 뜻밖에도 음악 듣는 것에 제일 비싼 가치를 부여했다. 준이의 무의식에서 음악에 관한 영향을 받은 것이 틀림없는 것 같았다.

넷째, 자기이해 발전시키기를 하였다. 앞에서 성찰한 흥미, 적성, 성격, 능력 등을 가지고 자기탐색을 스스로 할 수 있도록 하고, 종합적으로 정리할 수 있도록 하였다. 준이는 자신의 모습을 조금씩 그려 나가는 것 같았다. 준이가 가지고 있는 많은 장점을 자기 진로그림 속에 넣지는 못했지만 외향적인 성격으로 친구를 좋아하고 음악적 관심이 있는 것까지 그려 냈다. 음악을 접할 때가 가장 행복한 것 같다고 이야기하였다.

다섯째, 교실에서 만나는 직업을 찾아보았다. 평소 준이의 학교수업 태도는 거의 엎드려 있는 행동을 할 때가 많았다. 그래서 '교과와 관련된 직업의 종류'에서 관련 직업의 종류를 알아보게 하였다. 먼저 교과와 관련되는 직업에는 어떤 것이 있는지 그 직업의 종류들을 구체적으로 살펴보았다. 그 직업과 관계있는 교과에는 어떤 것이 있는지 확인하면서, 학교에서 배우고 있는 교과 공부가 왜 중요한 것인지를 설명해 주었다. 다음에는 자신이 좋아하는 교과를 찾아 적어 보게 하고, 교과와 연관된 직업을 알려 주었다. 준이가 좋아하는 과목은 음악, 미술이었다. 관련된 직업은 작곡가, 성악가, 디자이너 등과 연관된 것을 확인했다. 준이는 초기 상담에서는 왜 공부를 해야 하는지를 잘 모른다는 이야기를 했는데 교과와 직업을 연결해서 설명해 주니 수업시간에 적극적으로 참여해야 한다는 생각을 조금씩 가지게 되었다.

여섯째, 자신의 꿈을 만들었다. 그 꿈을 이루기 위해서 장기적 목표, 단기적 목표, 실제 실행 가능한 계획에는 무엇이 있는지 기록하였다. 준이는 성악가가 되고 싶은 꿈을 만들었다. 꿈을 실현하기 위한 계획으로 학교에서 수업시간에 학습태도를 고치는 것과 매일 읽기능력을 향상시켜서 공부하는 습관을 갖는 계획을 잡았다.

준이 부모님은 아이와의 소통방법에 대해 상담을 하였다. 아버지와 어머니가 같이 참석해 주셨다. 감성적인 아버지는 회사생활이 바빠서 아이와 같이할 수 있는 시간이 없었는데, 이제부터라도 시간을 내서 아이와 소통을 하겠다고 하였다. 그 후 여행 스케줄을 잡아서 등산도 하고, 바다도 보면서 자연 속에서 준이와 이야기를 하는 시간을 가졌다. 준이 엄마는 논리적인 성향을 가졌는데 감성적인 아이와 대화하는 법을 배웠다. 준이와 이야기할 때는 준이의 감정을 먼저 듣는 훈련을 하였다. 그리고 준이의 감정을 공감해 주는 훈련을 하였다. 어색한 시간들이 흐르고 이제는 조금씩 준이와 공감하는 소통을 하고 있다.

❹ 개인 학습계획 개발 및 실행

준이의 학습능력은 완전히 바닥이었다. 공부를 해야 하는 이유를 모르고, 학습내용도 모르니 수업시간에 엎드려 자는 시간이 더 많았다. 집에서도 무기력한 행동이 나와 멍하게 보내는 시간들이 많았다. 그러나 상담 중간에 교실에서 만나는 직업을 찾아보는 프로그램을 통해 자신이 공부를 해야 하는 이유를 조금씩 알아 가기 시작하였다. 준이는 학습을 해 본 경험이 없기 때문에 읽기능력이 중1 수준으로 나왔다. 먼저 읽기 향상프로그램을 시작하였다. 단기계획을 짜서 매일 정해진 양을 읽고 모르는 어휘 찾기, 중요한 어휘 찾기, 단락 요약하기, 전체 주제 찾기순으로 반복하였다. 교과내용이 조금씩 눈에 들어왔다. 자신의 꿈을 만들고부터는 학습태도도 많이 좋아졌다. 학습성적을 올리기까지는 시간이 좀 더 필요하지만 학습동기가 생겼고,

학습하는 데 필요한 읽기 전략, 조직화 전략, 시간관리 전략, 수업태도는 많이 향상되었다.

❺ 진로상담 효과

준이는 자신의 감정표현이 전혀 없고, 자신에 대한 인식도 약하며, 학습과 감정이 아주 무기력한 문제점을 가지고 상담을 시작하였다. 준이의 적성을 찾아 자기 스스로 꿈을 만들게 하고, 자신이 가지고 있었던 감정을 자극시켜 줌으로써 감정을 표현하게 하였다. 준이 부모님들도 소통의 기술을 배워 준이의 감정을 읽어 주고 편하게 표현할 수 있도록 도와주었다. 준이의 얼굴에는 기쁨과 힘듦, 섭섭함, 즐거움 등 다양한 감정들이 표현되기 시작하였다. 또 공부를 왜 하는지 이유를 몰랐던 준이는 꿈이 교과 과목과 관련이 있는 것을 이해하고 나서 학업에 관심을 가지게 되었다. 많은 기간 학습경험을 하지 않았기 때문에 시간이 걸리지만 학습태도를 하나씩 하나씩 바꾸어 나가는 모습이 대견스러웠다. 그 결과 학교에서의 수업태도가 많이 달라졌고 친구들과도 조금씩 이야기를 하기 시작하였다. 준이 집에서도 조금은 서툴지만 가족 간의 소통이 조금씩 원활해졌고 준이의 감정표현도 점점 늘어났다. 아직은 피아노와 친해지고 싶지 않지만 음악이라는 큰 주제 속에 자신의 꿈(성악가)을 스스로 만들어 가고 있다.

4) 흥미

(1) 흥미에 대한 이론적 배경

흥미는 자신의 진로를 찾아감에 있어서 매우 기초적인 자료를 제공해 주는 요소이다. "좋아하는 것은 무엇인가?", "관심 갖는 것은 무엇인가?"와 같은 질문에서부터 진로교육의 중요한 영역인 자신에 대한 이해를 하는 것이다. 흥미는 어떤 일에 있어서 더 잘하거나 잘하고 싶은 열의를 가질 수 있도록 해 주며, 현재 자신의 능력에 부족함을 느끼더라도 노력하려는 원동력을 마련해 준다. 청소년들의 진로고민 중 가장 흔한 것이 바로 자신의 흥미를 제대로 찾지 못한다는 것인데 이것은 학생들 자신이 좋아하는 것을 잘 모른다는 말이기도 하다.

　개인의 흥미를 알기 위한 가장 손쉬운 방법으로는 흥미검사를 통해 정보를 얻는 방법이 있다. 그러나 흥미검사로도 자신의 흥미를 찾지 못할 경우 자신의 일상생활에서 흥미를 찾는 것이 도움이 될 수 있다. 흥미를 찾을 때에는 현재 남들이 선호하는 것에만 흔들릴 것이 아니라, 일상생활에서 발견할 수 있는 사소한 개인의 장점들이 곧 흥미이고, 그것을 살리는 것이 남과는 다른 본인만의 소질이 될 수 있다. 자신이 좋아하는 과목을 살펴보거나, 취미를 통해 흥미를 발견할 수 있다. 또한 취미란 좋아하는 일을 자신이 골라서 하는 것인데, 이를 자꾸 반복하게 되면 그에 따라 능력이 향상될 수 있다.

　그러나 우리나라에서는 흥미보다는 학업성적을 통하여 학생들의 진로를 결정하는 것이 대부분이다. 그리하여 학업성적이 좋지 못한 학생의 경우 자신들의 능력을 과소평가할 가능성이 높다. 그러나 직업이 점차 분화되고 다양해짐에 따라 요구되는 기술도 다양해지고 있다. 아직은 사소하지만 소중한 자신만의 장점이 대단한 능력으로 변할 수 있는 것이다. 개인이 흥미를 발견하게 되면 계속해서 그 분야에 대한 탐색활동이 이루어진다. 이런 흥미의 발달은 자아효능감 발달을 촉진시키며, 개인의 진로성숙에 긍정적인 영향을 미치게 된다. 이러한 다양한 흥미분야의 학생활동은 자연스럽게 장단기적인 진로계획의 준비과정이 되는 것이다.

　진로흥미란 일반적인 흥미와는 다르게 여러 직종 가운데 어떤 특정 직종에 대하여 호의적이고 수용적인 관심과 태도를 갖는 것을 말한다. 직업흥미는 지능이나 적성에 비해서 능력과의 관계가 상대적으로 미약하지만 직업선택이나 직업의 지속, 직업만족, 직업에서의 성공과 밀접한 관계가 있어 중요한 동기유발의 요인이 된다(김남규, 2000). 일의 능률과 성공을 가져오려면 인지적 요인뿐만 아니라 흥미나 동기와 같은 정의적 요인도 같이 조화를 이뤄야 한다. 인지적 요인이 일의 능률과 관련이 있다면 정의적 요인은 일에 대한 흥미를 느끼고 그 일에 대한 보람, 즐거움, 행복감 등을 가져다주는, 즉 일에 대한 의미를 느끼게 하는 요인이라고 할 수 있기 때문이다(이재창, 1999).

진로선택에 있어서 지능이나 적성검사와 더불어 흥미검사의 사용이 점차 증가하고 있다. 이것은 성공과 능률을 향상시키기 위해서는 인지적 요인뿐만 아니라 흥미나 동기와 같은 정의적 요인도 함께 조화를 이루어야 한다는 것을 시사하는 것이다.

◆ **학생의 강점**

- 논리적이고 분석적이다.
- 실용적이고 현실감이 있다.
- 정해진 일상 업무를 꾸준히 잘 해낸다.
- 안정감이 있고 신뢰감을 준다.
- 한 가지 문제를 꾸준히 탐구해 해결책을 찾아낸다.
- 책임감이 강하고 약속과 규율을 잘 지킨다.
- 일관성이 있고 개인 감정의 변화에 따라 업무에 타격을 주는 일이 적다.

◆ **학생이 보완할 사항**

- 여유가 부족하고 긴장을 많이 할 수 있다.
- 지식보다 감성이나 상상력을 사용해야 하는 일은 다소 어려워한다.
- 변화가 많은 환경에서 적응하는 것에 스트레스를 많이 받을 수 있다.
- 지나치게 경쟁적이고 주도적인 사람들이 많은 환경에서는 위축될 수 있다.
- 기존의 방식을 고집하다가 새로운 기회를 놓칠 수 있다.
- 자신의 발전을 위해 다양한 가능성을 고려하지 못하고 익숙한 업무에만 몰두할 수 있다.
- 업무 지침이 명확하지 않은 일이 주어지면 스트레스를 많이 받는다.

◆ **학생에게 적합한 진로 및 환경**

- 자기만의 독자적인 공간에서 독립적으로 할 수 있는 일
- 오랫동안 같은 업무를 하여 쌓인 노하우로 할 수 있는 일
- 타인과의 관계가 일의 수행에 별 영향을 주지 않는 일

• 목표와 일의 내용이 명확히 정해져 있는 일

• 공정하고 분명한 기준으로 평가받을 수 있는 일

• 안정적이고 예측 가능한 일

• 일을 하기 위해 준비할 시간이 충분히 주어지는 일

• 규율과 예의를 지키는 소수의 사람들과 할 수 있는 일

• 위험성이 별로 없는 일

• 필요한 기술을 숙달하고 이 능력을 계속 사용하는 일

◆ 학생에게 적합한 직업군

[테크놀로지 분야] 공학자, 컴퓨터 프로그래머, 시스템 프로그래머, 게임 프로그래머, 전산시스템 설계 및 분석가, 이공계 연구개발자, 웹마스터, 항공기 시뮬레이터, 컴퓨터 기술자, 도시 설계가, 교통 설계가

[학문 & 연구 분야] 이공계 대학교수, 이공계 연구원, 상경계 대학교수, 상경계 연구원

[회계/금융/컨설팅 분야] 공인회계사, 재정감사원, 신용분석가, 금융컨설턴트, 펀드매니저, 투자분석가, 자산운용전문가, 외환딜러

◆ 학생에게 적합한 학과

[학문 & 연구 분야] 물리학, 반도체과학, 생물학, 유전공학, 화학, 생화학, 정밀화학, 천문우주과학, 대기과학, 지질과학, 수학, 인지과학, 언어학, 지리학, 문헌정보학, 지역학, 역사학, 고고학, 사회학

[비즈니스 분야] 금융학, 회계학, 통계학, 경제학, 경영학, 벤처경영학, 창업경영학

[법률 & 행정 분야] 법학, 행정학, 도시계획학, 환경계획학, 행정정책학, 외교학, 정치학

[테크놀로지 분야] 화학공학, 생명공학, 전기전자공학, 건축공학, 도시공학, 토목공학, 환경공학, 기계공학, 금속공학, 세라믹공학, 동물공학, 축산학, 식물공학, 식품공학, 환경임산학, 수산공학, 냉동공학, 해양환경공학, 해양생물학, 컴퓨터산업공학, 인터넷학, 게임개발학, 게임소프트웨어학

[보건의료 분야] 의예학, 의학, 치의예학, 한의예학, 약학, 제약(공)학, 한약학, 생약학, 임상병리학, 방사선학, 재활공학, 치기공학, 의용공학, 안경광학, 보건위생학, 산업안전보건학

[교육 & 휴먼서비스 분야] 과학교육학, 교육공학, 평생교육학, 체육지도학

[언론 분야] 신문방송학, 언론학, 출판미디어학, 미디어영상학

(2) 순영이의 사례

❶ 사례정리

순영이는 말이 없는 조용한 중학교 3학년 여학생이다. 외모는 조금 작아 보이고, 학교공부는 상위 10%에 속하는 우등생이다. 학습에서는 자기주도적 학습이 가능한 학생이다. 그러나 상담자의 질문에는 아주 작은 소리로 대답하였다. 순영이에게 계속 질문을 시켜 보았지만 소리가 점점 더 작아졌고, 아주 미세하게 들릴 정도였다. 반대로 엄마는 활달한 성격을 가졌고, 목소리도 크며 행동도 시원시원하다. 엄마는 순영이의 부족한 표현력에 대해 걱정이 많았다. 게다가 순영이는 광고분야에 흥미가 많아 신방과를 희망하지만, 아빠는 아이가 법대에 진학하기를 희망한다면서 아빠와 순영이 사이에서 좀 더 정확한 전로분석을 받고 싶어 했다.

순영이는 지금까지 학원을 다녀 본 적이 없다. 획일적인 수업을 받는 장소(학원)를 아주 싫어하고, 스스로 천천히 자신이 하고 싶은 양만큼 공부하는 것을 더 선호한다. 꼼꼼한 학습방법으로 학교에서는 무난하게 상위권을 유지하고 있다. 휴식 시간에는 애니메이션에 많은 관심을 가진다. 특히 애니메이션 광고에 관심이 많다. 그러나 자기주장이 너무 약하고, 친구들의 의견을 따라가는 경향이 많아, 의사표현을 할 때는 소극적으로 자신의 의견을 겨우 말한다. 표현력이 서투르니 가족들은 당연히 순영이가 정말 좋아하는 것, 싫어하는 것, 하고 싶은 것을 알 수 없었다. 그래서 아빠는 순영이가 법대에 들어가서 고시 공부를 했으면 하는 생각을 계속 강조하였고, 순영이는 자신의 흥미와 다른 진로에 대해서 부모와 이야기 한번 해 보지 않았다.

규범적인 아버지와 활달하고 진취적인 어머니, 활발한 여동생과 같이 생활하고

있는 순영이는 어머니와의 관계는 좋지만 자신의 이야기를 잘 하지 않는 편이다. 반면에 동생과는 친구처럼 이야기를 나누고 감정을 교류한다. 아버지는 순영이에게 기대가 많은 편이고, 어머니는 순영이가 잘할 수 있는 일을 했으면 좋겠다고 하였다.

순영이의 어머니는 그 누구보다 사회생활을 적극적으로 하고 있는 중이고, 순영이의 마음을 많이 알아서 자신의 길을 열어 주고 싶지만 잘하는 것이 눈에 띄지를 않는다고 하였다. 그래서 순영이와 깊은 얘기를 하고 싶어 계속 질문을 해 보면 말문을 닫아 버리고 눈물만 흘리는 딸의 모습에 속이 상한다고 했고, 그럴 때마다 바쁜 직장생활 때문에 순영이의 양육이 잘못되었나 하는 죄의식도 생긴다고 하였다. 그리고 엄마를 제외한 다른 식구들은 순영이와의 대화가 쌍방향 소통이 아니고 일방적인 소통이 되는 경향이 많았다.

❷ 진로검사 및 원인분석

순영이는 논리적이고 객관적인 사고력으로 업무를 수행하는 분석가형이다. 현실적인 판단력과 객관적인 자료를 기반으로 한 효율적인 문제 해결에 능하다. 일의 목표와 영역이 분명한 분야에서 자신의 사고력을 동원하여 논리적이고 체계적인 방식으로 수행하는 업무를 선호한다. 또한 실용적이고 구체적인 업무를 선호하는 현실주의자이며, 조용하고 성실하며 작은 일도 정확히 수행해 내는 책임감이 강하다. 자기 공간에서 한 가지 주제에 대해 탐구하며 문제 해결을 해 나가는 일을 잘 수행할 수 있다.

감정에 따라 일을 처리하지 않으며 일관성 있게 일하기 때문에 신뢰감을 줄 수 있다. 그러나 일의 성과가 인맥이나 개인적 관계에 의해 좌우되는 상황이나 자신의 것을 챙기기 위해 경쟁해야 하는 상황에서는 제대로 인정받기 어려울 수 있다. 자신이 수긍할 수 있는 기준이 반영되고 공정성이 유지되는 구조에서는 갈등이 없고 자신의 잠재력을 잘 발휘할 수 있다. 또 책임감이 강하고 자기통제를 잘한다. 순영이는 목표를 세우면 이를 달성하기 위해 열심히 노력하며, 주변의 유혹에 넘어가지 않기 위해 의지력을 발휘한다. 책임을 맡았을 때에는 이를 완수하고자 노력하며 다른 사람들과의 약속이나 자신과의 약속을 소홀히 하지 않는다.

  그러나 모든 일처리에 신중해서 유연성과 순발력이 부족한 편이다. 예상치 못한 급작스러운 문제가 발생하면 매우 당황하고 어떻게 해결해야 할지 몰라 우왕좌왕할 수 있다. 그러므로 타인에게 고지식하다는 얘기를 들을 수도 있으며, 순간적인 판단력이나 문제 해결력을 필요로 하는 상황보다는 좀 더 예측이 가능하고 안정적인 상황에서 적응하는 것을 편안하게 여긴다.

  순영이의 성격은 강한 내향성으로 인해 자신의 표현능력이 아주 부족하고, 관계 지향적인 부분이 많이 낮게 나왔다. 반면 능력은 모든 영역에서 아주 우수하게 나왔다. 적성은 사회계열이 다른 영역보다 우수하게 나왔다. 순영이의 흥미는 크리에이티브 분야에서 높게 나왔다. 진로성숙도도 많이 높게 나왔고, 특히 진로정체감, 진로준비도, 진로합리성은 아주 우수하였다.

  좋은 자원을 많이 가지고 있는 순영이는 자신의 의견에 대한 표현이 소극적인 것이 문제였다. 언어에 대한 표현은 들리지도 않는 목소리로 이야기하고, 말을 하다가 중간에 멈추어 버리는 경우도 종종 있다. 그리고 자신의 흥미인 애니메이션 분야에 대해서는 한 번도 가족과 이야기한 경험이 없었다. 이 원인은 내향적인 성격과 가족 내 일방적인 소통 때문이다. 또 자신의 관심에 대한 분석, 강점에 대한 인식, 흥미에 대한 확신 등도 부족했다.

진로탐색

성격	능력	적성	흥미	부모가 자녀에게 거는 기대	진로성숙도
내향성/감성적	높음	사회계열	크리에이티브	상	상

❸ 상담목표 설정 및 진로상담 과정

순영이는 많은 능력을 가지고 있음에도 불구하고 자신에 대한 이해가 낮은 편이었다. 또한 자기의 강점에 대한 인식도 부족했으며, 언어적 표현력도 매우 낮았다. 그래서 자신에 대해 이해하도록 유도하고, 언어적 표현방법을 수정할 수 있게 상담목표를 설정하였다.

먼저 자신에 대한 이해도를 높이는 상담을 하였다. 그 방법으로 자기소개서 쓰기를 선택하였다. 자기소개서의 내용은 자기이해, 독서, 봉사, 진로 등의 네 가지 요인들로 구성하였고, 상담내용도 이 순서로 시작하였다.

자신에 대한 이해는 순영이의 성격적 특성을 가지고 강점을 찾아보기로 하였다. 순영이는 공손하고 예의 바른 규범과 자신의 주관이 뚜렷한 탐구적인 성향이 결합된 유형으로 논리적이고 분석적이다. 또 기억력이 뛰어나고 인내력이 강하며, 계획적이고 책임감이 강한 강점이 있다는 것을 스스로 인식할 수 있도록 하였다. 감성보다는 이성을 중시하는 성향 때문에 대화를 하더라도 간단명료하게 하고, 그래서 감정 표현도 잘 안 하는 특성도 찾아냈다.

순영이는 자신의 표현력이 약한 이유가 사회성 부족이라고 생각하였다. 그러나 순영이의 표현력이 약한 것은 사회성 부족이 아니라 성격적 단점이라 인식시키고 그것을 보완할 수 있는 방법을 찾아보기로 했다. 먼저 자신의 강점인 논리적인 사고를 정확하게 표현하는 훈련을 하였다. 처음에는 많이 힘들어했지만, 상담 중반부터는 표현하는 단어가 많이 다양해지는 것을 느낄 수 있었다.

자신에 대한 이해와 표현이 향상된 다음에는 독서에 대한 상담이 이루어졌다. 독서치료 기법을 사용하여 이야기 속 주인공들의 감정을 토대로 이야기를 나누었다. 그 결과 논리적이고 분석적인 강점 때문에 감정의 흐름에 대한 분석은 매우 빨랐으나 성격적인 단점 때문에 몸으로 표현하는 습관은 더디었다. 하지만 예전과 달리 표현에서 다양한 감정이 조금씩 섞여 나오는 모습을 볼 수 있었다.

순영이는 상담 후반에 들어가면서 많은 변화가 있었다. 다른 사람의 감정도 조금씩 볼 수 있게 되었고, 자신 없어 하던 감정 표현도 정확하게 하였다. 그 후 순영이는 상담복지회관 봉사단체에 가입하였다. 이 봉사단체는 여러 주제의 봉사를 하는 데 있어 계획부터 실행까지 모두 학생들 스스로 해결해야 한다. 상담하면서 터득한 다양한 감정 표현들을 사용하여 낯선 사람들 속에서 적용해 가며 스스로 자신감을 얻어 나갔다.

진로상담은 흥미에 대하여 다음과 같은 개방형 질문을 통해 정보를 얻었다.

- 순영이는 어떤 직업을 생각해 왔니? "상품에 대한 광고요."
- 순영이는 초등학교 때부터 지금까지 어떤 직업에 흥미를 가져 왔니? "초등학교 때는 애니메이션이요. 중학교 때부터는 애니메에선을 활용한 상품 광고요. 아직은 잘 모르지만 광고분야에 대해서 알고 싶어요."
- 순영이는 어떤 종류의 활동을 즐기니? "만화를 많이 봐요. 공부하고 쉴 때는 만화를 봐요."
- 순영이는 학교에서 어떤 과목을 가장 좋아하고 어떤 과목을 가장 싫어하니? "영어, 사회, 미술을 가장 좋아해요. 수학이 가장 어려워요. 성적도 잘 안 나와요."
- 순영이가 미래에 생각하는 직업이 무엇이니? "광고감독이요."

순영이는 표현된 흥미와 명시된 흥미가 평소 느꼈던 애니메이션과 광고분야로 같게 나왔다. 순영이의 성격적 특성을 고려할 때, 직관력과 정확성이 요구되는 직업에서 능력을 발휘하는 것이 좋으므로 성격과 흥미가 본인이 선호하는 광고분야와 일치했다. 자신의 흥미인 광고분야를 좀 더 깊이 있게 이해하고, 광고분야의 여러 영역을 탐색하면서, 자신의 논리성과 분석력을 적용시킬 분야로 신문방송학과에 입학하는 것으로 최종 꿈을 스스로 정했다. 순영이가 법대에 가기를 기대했던 아버지도 순영이의 특성을 이해하고 곁에서 지켜보기로 하였다. 현재 순영이는 자신을 꿈을 이루기 위해 열심히 노력 중이다.

❹ 개인 학습계획 개발 및 실행

순영이는 중학교 3학년 때까지 혼자서 전 과목을 공부할 정도로 자기주도적 학습을 잘 수행하는 학생이다. 영어, 수학 같은 중요 과목들은 계획을 세워서 매일 수행하였고, 독서량도 또래 친구들보다 많기 때문에 국어 공부에 대한 어려움도 없었다. 그러나 혼자 공부하는 데 있어 문제 해결을 하는 과정에서 시간 소요가 많았고, 심화 문제는 모르는 상황에서 넘어가는 경우가 많아졌다. 그 결과 3학년이 되어서는 수학 성적이 계속 내려가는 모습을 보였고, 다른 과목들의 성적도 조금씩 낮아지는 것을 볼 수 있었다. 또 순영이는 반복적 학습을 힘들어하였고, 수학문제를 해결하는 과정에서 풀이과정을 문제집 귀퉁이에 조그마하게 적는 것을 볼 수 있었는데, 이런 것들이 학습의 단점으로 작용했음을 알 수 있었다.

　순영이는 학습코칭 결과 놀라운 발전을 하였다. 국어는 교과서 외 여러 갈래의 작품을 스스로 읽고 정리하였고, 영어는 문장을 반복해서 외웠으며, 수학은 풀이과정을 적는 법을 익혔다. 그 후 잠재능력이 많았던 순영이는 행동이 교정되자 높은 성적 향상을 보였고, 반에서 1등도 하였다.

❺ 진로상담 효과

순영이는 자신에 대한 이해도가 많이 낮고, 타인에 대한 표현력이 부족한 문제점을 가지고 있었다. 자신에 대한 이해도가 높아지자 자신감이 올라갔고, 행동에 서서히 힘이 들어가는 모습이 보였다. 흐느적거리는 행동과 모기 만한 목소리로 이야기하던 모습에서 조금씩 몸에 힘이 들어가자 목소리도 저절로 커졌다. 순영이는 강점이 많은 특징을 가지고 있었기 때문에 인지의 변화 및 행동의 변화가 빨리 일어났다. 그 예로 상담복지회관 주최 환경 UCC 공모전에 참여하여 팀원들과 함께 작업을 하면서 적극적으로 자신의 생각과 느낌을 표현하고 교류하는 모습을 보였다. 또 공모전을 통해 자신의 흥미인 광고분야가 진정 원하고 좋아하는 것임을 다시 한 번 확인하였다.

2 환경적 요인

1) 부모의 양육태도

(1) 부모와 진로

가정은 아동이 태어나서 가장 먼저 속하는 사회이다. 그 사회에서 가장 먼저 접촉하게 되는 대상인 부모는 자녀에게 가장 중요한 영향력을 행사하는 사람이며 자녀 양육에 있어서 최초의 가장 중요한 교육자라 할 수 있다. 따라서 부모의 자녀 양육태도가 어떠한가에 따라 자녀의 성격과 행동이 크게 달라질 수 있다는 것은 말할 나위가 없는 사실이다.

부모의 양육태도란 부모가 자녀를 양육함에 있어서 보편적으로 나타내는 행동으로 부모-자녀 관계의 질을 결정해 주고 자녀의 모든 측면의 발달에 영향을 미친다고 할 수 있다. 프로이트(Freud, 1910)는 초기 경험이 인간의 인생을 좌우하는 원동력을 이루기 때문에 어린이의 성격은 주로 어렸을 때 부모와의 상호작용에서 빚어진다고 하였다. 슈퍼(Super, 1957)는 부모와의 동일시 및 모델의 역할이 진로 발달에 영향을 준다고 하였으며 생애 발달을 통한 진로 발달은 능력과 흥미의 성숙과정을 촉진시키거나 현실 평가나 자아개념의 발달을 도움으로써 지도될 수 있다고 하였다. 또한 직업 발달은 주로 자아 개념 발달의 보완의 과정이라고 하였다. 슈퍼(Super)의 발달 단계 중 성장기(출생에서 14세까지)와 탐색기(15세에서 24세까지)는 부모의 가치관이나 양육태도에 많은 영향을 받는 시기이며 직업의 선택과 진로 발달에 중요한 영향을 미치게 된다. 즉, 슈퍼의 직업 발달 단계는 자아 개념을 근간으로 하고 있다. 그는 개인의 생애 발달은 자아 개념을 완성시키는 과정으로 보고 있기 때문에 진로성숙은 자아 개념의 발달에 영향을 받는다고 했다.

결론적으로 부모의 양육태도는 자녀의 진로성숙에 지대한 영향을 준다고 할 수 있다. 부모의 양육태도가 자녀를 존중하고 수용하며 이해하고 격려하며 온정적이고 자율적일 때에는 자녀가 자신의 흥미와 능력을 촉진시킬 수 있는 진로의식을 갖게 될 가능성이 높지만, 거부적이고 통제적이고 성취압력이 높아 지나친 간섭을 할 때에는 부정적이고 낮은 수준의 진로의식이 나타날 것으로 생각된다. 그러므로 아이의 진로의식을 높이기 위해서 부모교육이 필요하며, 부모교육을 통해서 부모는 아이의 강점을 찾아 주고, 공감 경험으로 아이의 자존감을 올려 줄 수 있다.

◆ **학생의 강점**

• 창조적인 아이디어가 많다.

• 구체적인 가이드가 없는 상황에서도 해결책을 찾을 수 있다.

• 새로운 환경에 대한 적응력이 높다.

• 날카로운 비판력이 있다.

• 상황이 바뀌어도 문제를 풀기 위해 해야 할 일을 알아서 생각해 낸다.

• 고정관념이나 편견이 상대적으로 적은 편이다.

• 미래의 가능성과 전망을 고려한다.

◆ **학생이 보완할 사항**

• 개념적으로 단순하거나 반복적인 일에 대해 싫증을 느낄 수 있다.

• 아이디어가 비현실적일 때도 있다.

• 옳고 그른 것에만 몰두해 사람들과의 관계를 통한 해결방식은 시도할 생각을 못한다.

• 꾸준함이 부족할 수 있다.

• 사소한 일에 꼼꼼히 뒷마무리를 못할 수 있다.

• 아이디어가 끝까지 구현되지 못하는 경우가 많다.

◆ **학생에게 적합한 진로 및 환경**

• 스스로 문제 해결방식을 생각해 내는 것으로 평가받을 수 있는 일

• 돌발 상황이 있을 때 알아서 처리하는 것으로 평가받을 수 있는 직장

• 훌륭한 아이디어를 발전시켜 평가받을 수 있는 일

- 관료적이지 않은 직장
- 자기 결과물의 평가가 상사의 주관적 판단에 의해 좌우되지 않는 일
- 자신의 아이디어를 실천하는 데 많은 사람의 허가를 거치지 않아도 되는 일
- 사생활을 침해하지 않는 직장
- 개인적으로 할 수 있는 일

◆ 학생에게 적합한 직업군

[언론 분야] 평론가, 신문 · 잡지 · 방송기자, 논설위원, 칼럼니스트, 자유기고가, 앵커, 출판 기획자, 편집자, 아나운서

[학문 & 연구 분야] 철학자, 인문과학 교수, 사회과학 교수, 역사학자, 고고학자, 정치학자

[비즈니스 분야] 벤처사업가, 신규 사업 기획담당자, 상품 기획자, 광고 기획자, 이벤트 기획자, 공연 기획자, 마케팅 기획자, 홍보전문가, 스포츠프로모터

[크리에이티브 분야] 큐레이터, 프로게이머, 아트디렉터, 인테리어디자이너, 시각디자이너, 자동차디자이너, 카피라이터, 시인, 소설가, 시나리오작가, 방송작가, 사진작가, 번역가, 조각가, 화가, 공예가, 애니메이터, 일러스트레이터, 조경건축가, 작곡가, 성악가, 악기 연주가

[금융 & 컨설팅 분야] 금융상품 개발 전문가, 전문투자가, 외환딜러, 투자분석가

[정치 & 외교 분야] 정치가, 국회의원, 정치분석가, 정당 참모, 정책 기획자, 로비스트, 환경운동가

[교육 분야] 중 · 고교 교사, 학습교재개발자, 교육자문가

[테크놀로지 분야] 발명가, 건축가, 교육용 소프트웨어 개발자, 소프트웨어 디자이너, 네트워크 통합 전문가

◆ 학생에게 적합한 학과

[언론 분야] 신문방송학, 언론학, 출판미디어학, 미디어영상학

[비즈니스 분야] 마케팅학, 경영학, 벤처경영학, 창업경영학, 무역학, 경제통상학

[학문 & 연구 분야] 철학, 사회학, 문화학, 역사학, 고고학, 지역학, 지리학, 인지과학, 음악이론, 미술이론

[크리에이티브 분야] 큐레이터학, 응용디자인학, 이벤트학, 방송연출학, 연극영화학, 문학, 문예창작학, 번역학, 음악학, 무용학, 미술학, 의류학, 의상학, 주거환경학

[교육 & 휴먼서비스 분야] 교육심리학, 상담학, 평생교육학

[보건의료 분야] 대체의학, 한의예학

[법률 & 행정 분야] 외교학, 정치학, 행정정책학, 도시계획학, 환경계획학

[테크놀로지 분야] 건축공학, 도시공학, 환경공학, 컴퓨터산업공학, 인터넷학, 게임개발학, 게임소프트웨어학

(2) 종철이의 사례

❶ 사례정리

중학교 2학년인 종철이는 현재 현실적응능력이 매우 저하된 상태이다. 어머니는 종철이에게 잘할 수 있는 것을 찾아 주고 싶다고 하였다. 자신의 문제를 알고 해결하려는 의지가 부족하며, 실망하고 좌절한 상태를 보이는 아들의 모습에 많이 가슴 아파했다. 종철이는 자신이 사랑받고 있지 못하다고 느끼고, 가족들로부터 적절한 지지를 받지 못하고 자신이 소외되어 있다고 생각한다. 자존감이 낮고 실패를 예상하며, 상대방에게 호감을 주지 못하리라고 보기 때문에 대인관계에서 매우 위축되어 있고 수동적이다. 그러다 보니 실제로도 대인관계가 잘 되지 않아 더욱 내성적이 되고 자존감이 낮아지는 악순환을 경험하고 있다.

　종철이는 부모님이 맞벌이라 할머니가 양육하였고, 할머니의 양육은 잘못에 대한 지적이 계속되는 엄격한 양육이어서 감성이 풍부한 종철이에게는 매우 힘든 상황이었다. 그 후 종철이가 초등학교에 들어가서도 아이들과 같이 섞이지 못하는 모습을 보고 부모님이 양육을 맡았다. 그러면서 문제가 발생했다. 종철이 부모님은 모두 S대를 나온 수재로서 자신의 학창 시절과 비교할 때, 아이가 공부를 못하는 것과 하고 싶은 것이 없다는 것을 도저히 이해할 수 없었다.

아버지는 규범이 강하고 자신의 생각이 아주 완고해서 종철이가 초등학교 때부터 조금만 잘못해도 훈육이 엄격했다. 학교 갈 때 지각하는 행동, 자신의 방을 치우지 않는 행동, 동생과 싸우는 행동, 성적이 낮을 때 등 모두 심한 훈육으로 다루었다. 아버지는 자신의 가난했던 어린 시절 이야기와 부족함 속에서도 뜻을 굽히지 않고 지금의 자리까지 열심히 살아온 과정을 반복해서 말하였고 종철이의 이야기는 전혀 듣지 않았다. 종철이는 반복되는 아버지의 잔소리가 심할 때마다 건성으로 답하거나, 아니면 소리를 질러 상황에서 벗어나려고 했다. 반면, 어머니는 전통적인 관습이나 규범을 준수하고 내일을 위해 준비하고 계획적이고 규칙적인 삶을 중시하는 성향을 가졌다. 게다가 남편과의 갈등으로 종철이에게 더 집착하는 경향도 강했다. 그래서 초등학교 때부터 계획표를 써 놓고 그대로 실천하라고 강요하였다. 아이의 이야기를 듣고 아이의 강점과 흥미를 살리는 양육방식이 아닌 종철이 친구들 중에서 공부 잘하는 아이의 양육방식을 따라 그대로 하기를 원했다. 아이는 계속 힘들어졌고 자신이 하고 싶은 것이 없는 아이로 변해 갔다. 계속 반복되는 양육방식에 짜증과 화가 빈번하게 일어났고, 학업에도 흥미를 잃어버렸다. 그나마 자신이 좋아하는 자동차 모형 만들기나 자동차에 대한 책을 보는 것을 통해 위로를 받았지만, 그때마다 야단만 맞을 뿐이었다.

자신이 좋아하는 것을 하고 싶은 종철이는 부모의 지나친 간섭 때문에 모든 면에서 흥미를 잃어버렸다. 또, 다른 아이의 양육방식을 빌려와 종철이에게 적용했기에 자신에게 맞지 않은 양육을 받은 꼴이 되어 버린 종철이는 문제 해결능력이 낮은 아이로 변해 버렸다.

계획을 세우고 지키는 것과 같이 일일이 세부적인 과정을 따라야 하는 경우, 아이는 답답함을 느끼고 동기가 저하될 수 있다. 종철이는 성격 자체가 자율성을 원하는 편이기 때문에 의무와 규칙을 일방적으로 전달하는 것은 그리 효과적인 방법이 아니었다. 자신이 잘하는 것도, 흥미 있는 것도 경험하지 못한 능력이 낮은 아이가 되어 버린 것이다. 종철이 부모도 자녀에 대한 이해가 낮아 아이 때문에 겪는 스트레스로 부부싸움도 많이 했고, 엄마는 우울증이 올 정도로 힘들어했다.

❷ 진로검사 및 원인분석

종철이는 기본적으로 자신이 관심과 가치를 두고 있는 분야에서 일하고 싶어 하며, 그 어떤 유형보다도 자아실현에 대한 욕구가 강하다. 직관력과 창의력이 뛰어나고 지적 호기심이 강하기 때문에 이미 알려진 것을 넘어서 새로운 면을 파악하는 능력이 탁월하고, 자신의 분야에서 전문가로서 실력을 발휘하기를 바라며 끊임없이 새로운 것을 만들어 가고 창조하는 데 관심이 많다. 따라서 자신의 생각을 거침없이 펼칠 수 있는 전문 직종에 들어간 뒤에야 비로소 자신의 능력을 제대로 발휘하기 시작할 것이다. 그러나 현재 종철이는 자신의 능력을 제대로 발휘하지 못하고 있는데, 이는 어떤 규범이나 틀에 얽매이도록 강요당했거나 주위의 관심이 지나쳤기 때문이다. 또한 반복적으로 해야 하는 과제의 지루함과 싫증의 경험이 연속적이었기 때문에 실망과 좌절의 모습이 나타났던 것이다.

종철이의 흥미는 냉철한 분석력과 논리적인 사고력을 활용할 수 있는 테크놀로지 분야이다. 복잡하고 추상적인 이론을 이해하고 법칙을 추론하여 연구 업적을 낼 수 있는 자연과학 분야의 교수나 연구원 등이 종철이가 갖고 있는 잠재력을 발휘할 수 있는 직업이다. 특히, 새롭게 생겨난 도전과 발전 가능성이 높은 응용 학문에서 더욱 두각을 나타낼 수 있다. 창조적인 능력과 더불어 새로운 아이디어를 현실에 실제적으로 구현하는 능력을 모두 활용할 수 있는 발명가와 같은 직종도 잘 맞는다. 또한 종철이는 표현능력이 매우 우수한 반면 관찰력, 지각적 순발력, 판단력, 문제 해결능력은 다소 부족하다. 검사 결과 몇몇 항목이 부족하게 나온 이유는 현실적 능력이 매우 저하됐고 자신의 문제를 해결하려는 의지가 부족한 상태에서 검사를 했기 때문에 낮게 나왔을 가능성이 있다. 종철이는 성격적으로 호기심이 넘쳐 끊임없이 궁금증과 의문을 갖는 탐구 성향을 지녔다. 상상력과 감성도 풍부하고 예민하여 섬세한 감성 성향도 가지고 있다. 확산적이고 독창적인 사고력과 풍부한 감성, 예민한 감수성이 결합된 유형이기 때문에 개성이 매우 독특하고 강하다. 그러나 내성적인 성격 탓으로 단체생활에 적극적으로 참여하기보다는 수동적인 편이다. 종철이는 많은 생각을 가지고 있고 판단할 수 있는 능력이 있으나 그것을 적극적으로 표현하는 기회가 적었기 때문에 단체생활에서 타인의 생각이나 행동을 받아들이는 경험이 없었을 것이다. 또 자신이 존중받는 기회가 없었기 때문에 다른 사람에게 인색하고 이해하는 폭도 좁았을 것으로 생각된다. 종철이는 독특하고 창의적인 사고를 할 수 있는 능력이 많기 때문에 그 능력을 인정받으면 자신감이 생길 것이다. 자신감을 갖게 되면 금세 의욕도 살아날 것이고 창의성도 더욱더 개발될 수 있을 것이다.

진로탐색

성격	능력	적성	흥미	부모가 자녀에게 거는 기대	진로성숙도
내향성/감성적	높음	공과계열 항공계열	테크놀로지	상	상

❸ 상담목표 설정 및 진로상담 과정

종철이는 직관력과 창의력이 뛰어나고 지적 호기심이 강하기 때문에 새로운 면을 파악하는 탁월한 능력을 가지고 있다. 그러나 현재는 현실적응능력이 매우 저하되어 있고 자존감도 많이 낮은 상태이다. 그러므로 종철이에게는 자신의 강점을 찾아 자존감을 높일 수 있는 진로상담을 진행했고, 종철이 부모님에게는 부모상담을 권유하여 종철이의 현재 상태에 대해 정확히 인식하도록 하였으며 종철이와 겪게 되는 일상에서의 스트레스 상황을 적절하고 효과적으로 다룰 수 있는 기술을 익히도록 했다. 이렇게 함으로써 부모와 아동 모두 일상에서의 스트레스를 줄이고 긍정적인 관계를 유지할 수 있도록 하였다.

종철이에게 먼저 "나는 누구인가?"에 대한 물음의 답을 찾아가도록 했다. 자존감이 너무 낮고, 현실적응력이 많이 떨어져 학교에서 항상 혼자 앉아 있는 종철이에게 지금 자기 모습이 아닌 능력이 많은 내면의 자기 모습과 만나게 하였다. 창의력과 직관력이 뛰어나고 감수성이 많아 사람과 같이 지내기를 좋아하는 성향이며, 자동차에 대한 관심이 많은 종철이의 모습을 같이 그려 보았다. 종철이는 창조적인 능력과 더불어 새로운 아이디어를 현실에 실제적으로 구현하는 강점능력을 모두 활용할 수 있는 발명가와 같은 직종과 직면했다. 처음에는 그런 자신의 모습에 몹시 낯설어 하였지만 상담 횟수를 거듭할수록 자신의 모습에 관심을 갖게 되었다.

종철이와 함께 직업탐색도 하였다. 자신의 강점을 활용한 직업탐색(www.career. go.kr)에서 공학분야인 자동차공학 기술자에 관심을 많이 가졌다. 종철이가 탐색한 정보는 다음과 같다.

- 자동차공학 기술자는 자동차시스템을 이해하고 새로운 모델과 신기술 개발을 위해서 논리적이고 분석적이며 창의적인 사고력이 필요하다.
- 타 분야 관련 전문가와 협력하여 일을 하게 되는 경우가 많으므로 협동 정신, 원만한 대인관계가 요구된다.
- 탐구형과 현실형의 흥미를 가진 사람에게 적합하며 협동하는 마음, 꼼꼼함, 스트레스 감내, 분석적 사고 등의 성격을 가진 사람에게 유리하다.

종철이는 직업탐색에서 자신이 그린 모습과 같은 점을 많이 발견하였다. 그러나 자신이 꿈꾸는 직업을 이루기 위해서는 협동정신, 원만한 대인관계, 스트레스 감내 등 부족한 부분을 고쳐야 된다는 것을 인식하였다.

그리고 마지막 단계로 미래의 꿈 만들기를 해 보았다. 미래의 자기 모습을 만들면서 단기, 중기, 장기계획을 세워 보았다. 단기계획의 목표로는 자신감 높이기로 정하고, 그 실천방법으로는 자신에게 하루 한 번 칭찬하기, 타인을 하루 한 번 칭찬하기, 친구에게 다가가기 등의 계획을 세웠다. 중기계획의 목표로는 부모와 대화하기, 학습방법 찾기, 좋아하는 인물 따라하기 등의 실천계획을 세웠다. 장기계획으로는 공학분야 대학 진학의 꿈을 그렸다.

종철이의 부모상담도 이루어졌다. 가장 먼저 부모상담에서는 자신에 대해 이해하도록 하였다. 자신의 삶은 누구에 의해서가 아니라 자신이 만들어 나간다. "현재 나는 누구이며 나는 누구를 위해 살고 있나?" 현재 '나'에 대하여 객관적으로 돌이켜 생각해 볼 수 있는 기회를 제공하였다. 자신의 성격, 좋아하는 것, 잘하는 것, 앞으로 하고 싶은 것 등에 관하여 이야기하였다. 다음은 타인에 대한 이해를 하도록 하였다. 다른 성격의 모습을 가지고 자신과 가족들을 이해해 보는 시간을 갖도록 하였다. 논리적인 엄마, 옳고 그르다는 언어에 익숙한 성격인 아빠, 잘할 수 있다는 감정이 들어가야지 자신의 능력을 발휘할 수 있는 종철이의 성격적 차이점에 대해 이해하도록 상담하였다. 이어서 가족 구성원들 서로의 특징에 대해 이야기하였고, 서로의 긍정적인 면을 찾아보도록 하였다.

부모의 역할에 대해서도 상담을 하였다. 부모로서 자신이 스스로 생각하는 나의 모습은 어떠한지, 또 자녀들은 부모를 어떻게 생각하고 묘사하는지에 대하여 생각해 보도록 하였다. 부모님들은 종철이의 감성적인 행동들을 이해하지 못했다. 학교에 지각하는 행동, 공부보다는 자신의 관심사에 더 시간을 쏟는 모습 등 종철이의 모든 행동이 부모에게는 스트레스였다. 그러다 보니 계속 행동에 대한 지적만 늘어났고 종철이의 마음을 읽어 주었던 경험이 없었다. 종철이는 엄마와 아빠에 대하여 자신을 아주 미워하고, 항상 자신을 못났다고 말하는 부모, 잔소리하는 부모, 괴물 같은 부모 등으로 인식하고 있었다.

이번에는 종철이 엄마, 아빠에게 자신이 생각하는 부모의 모습을 그려 보게 하였다. 이를 통해 유년시절 자신이 부모로부터 어떻게 영향을 받았는지 알아볼 수 있었는데, 종철이 아버지는 자신의 아버지를 항상 잘못을 지적하는 모습으로 그렸다. 그리고 종철이 어머니는 자신에게 의존하는 부모상을 가지고 있었다. 그래서 종철이 어머니는 어릴 때부터 항상 삶이 힘들었다. 훗날 자신이 의존하고 싶은 상대로 남편을 선택했는데 정작 남편은 자신에게 가정을 모두 맡기고 항상 늦게 들어왔고, 늦게 들어와서도 항상 아내와 아이에게 지적만 하면서 화를 내는 상황이 많았다. 그러다 보니 엄마는 본의 아니게 종철이에게 짜증과 화를 내는 경우가 많아졌다. 상담 후 종철이 부모님은 자신의 모습을 인식하고, 자녀에게 끼친 영향에 대해서도 알게 되었다.

종철이 부모에게 양육유형에 대해 인식하도록 했다. 아이의 특성 알기, 양육유형 알아보기, 양육유형에 따른 아이의 행동에 대해 이해할 수 있도록 다양한 정보를 제공하였다. 아동이 가지고 있는 성격에 대하여 정확한 정보를 제공함으로써, 아동의 행동적·심리적 특성과 아이의 기질에 대해 제대로 이해할 수 있도록 하였다. 아빠의 권위적인 양육방식과 엄마의 비일관적인 양육방식에 대해 인식하도록 하였고, 바람직하고 일관된 양육방식을 부부가 함께 취할 수 있도록 각자 추구해 오던 양육방식의 차이를 줄이도록 권유하였다.

가족 내 의사소통하는 방법에 대해서도 상담하였다. 가족 내 원활한 의사소통을 위해 부부간의 의사소통 그리고 부모-자녀 간의 의사소통이 어떻게 이루어지고 있는지를 분석하였다. 이러한 분석을 통하여 좋은 부모가 되기 위해 자신의 어떤 부분이 변화될 필요가 있는지에 대하여 상담하였다. 부부간 의사소통 배우기에서는 권위적이며 가부장적인 아빠의 대화방식과 수동적이고 의존적인 엄마의 대화방식이 효과적으로 소통될 수 있도록 서로의 대화를 경청하며, 아들인 종철이를 존중하는 입장에서 대화하도록 하였다. 여기에는 반드시 아버지의 적극적인 참여가 필수적이다. 대화의 구체적인 방법을 살펴보면, 첫째 종철이에게 하고 싶은 말을 모두 할 수 있도록 시간을 준다. 말을 다 했을 경우, "하고 싶은 말 다 했니?"라며 다시 한 번 확인 후 부모가 이야기를 시작하도록 하였다. 처음에는 많이 힘들어했는데 이제는 종철이의 말을 조금씩 들어주는 상황이 늘어나고 있었다.

둘째, 부모와 대화 시간을 갖도록 하였다. 아빠가 주중에는 직장 일로 전혀 시간을 낼 수 없어 주말에 자녀들과 함께 식사하면서 일주일 동안 있었던 일 중 기억에 남는 일들에 대해 자연스럽게 이야기 나누는 시간을 갖도록 하였다. 종철이네는 그런 경험이 많이 없어 처음에는 부자연스럽고 어색해하였지만 점차 시간이 지나면서 자연스럽게 적응하였다.

셋째, 같이 있는 시간에 칭찬을 많이 하도록 하였다. 자녀의 행동에 대해 지적만 일삼았던 것을 바꿔 칭찬을 아끼지 않았다. 작은 실수나 실패를 성공을 위한 배움의 장으로 활용할 수 있도록 부모가 격려하고 도와주도록 유도했다. 자녀의 관심이 아닌 부모의 욕심으로 지나친 목표를 설정하지 않고, 자녀의 강점에 대하여 진심으로 칭찬하도록 했다. 자녀의 실수는 언제든지 받아들여질 수 있는 것이며, 실수나 실패를 하더라도 항상 부모는 자녀를 사랑하고 있음을 아이에게 인식시키도록 하였다. 그리고 부모의 간섭 없이 종철이 스스로 문제를 해결할 수 있는 방법을 결정하고 수행해 볼 수 있도록 하였다. 이러한 노력들이 쌓이면서 종철이는 심리적으로 많이 안정되어 갔고 집에서도, 학교에서도 자신의 이야기를 조금씩 하며 친구들과도 교류도 원만히 해 나가는 아이로 변해 갔다. 당연히 얼굴 표정도 밝아졌고 자신의 강점을 자연스럽게 받아들이기 시작하였다.

종철이의 자아존중감과 자신감을 높이기 위한 방법들에 대해서도 부모상담을 하였다. 종철이 부모에게 아이의 자아존중감과 자신감을 길러 주기 위해서 가장 먼저 칭찬과 격려를 적극적으로 하도록 하였다. 우선, 아이에게 자신은 어떤 부모인지 생각해 보도록 했다. 자신은 칭찬을 많이 하는 부모인지, 비난을 많이 하는 부모인지에 대해 이야기하였다. 평소 비난과 지적이 많았던 종철이 부모에게 여러 상황에 대해 격려할 수 있는 말들을 집에서 직접 적용해 보도록 기회를 주었다. 자신에게 비난과 지적을 일삼던 부모가 칭찬과 격려를 하자 종철이도 마음의 문을 열고 전보다 훨씬 부모와 가까운 사이가 되었다.

❹ 개인 학습계획 개발 및 실행

종철이는 학습성격으로 보면 지적 호기심이 넘쳐 끊임없이 궁금증과 의문을 갖는 탐구 유형으로 독특하고 개성이 강하다. 또 자기가 관심이 있는 분야에 흠뻑 빠져들어 가는 경향도 많다. 자신이 관심을 갖고 있는 분야에서는 누구보다 잘할 수 있다는 자부심과 자존심이 아주 강한 성향을 가지고 있다. 공부에서도 마찬가지 성향이 나타나는데, 자신이 관심 있는 과목은 열심히 하지만, 관심 없는 과목은 전혀 하지 않는다. 그러나 전반적으로 보면 종철이는 학업성적이 아주 낮다. 환경에 대한 조절력도 너무 낮기 때문에 좋은 성적을 거둘 수가 없는 것이다. 좋은 능력을 가지고 있지만 심리적 지지를 받지 못했고, 실망과 좌절에 대한 경험이 많아서 인지능력에 문제를 보이고 있는 것이다. 학습에서는 읽기가 부족했고, 전반적인 학습능력 부진으로 인해 문제 해결에 필요한 적절한 정보를 사용할 줄 몰라서 생긴 문제라 생각한다.

종철이의 이런 문제점을 보완하기 위해 먼저 읽기능력향상 프로그램으로 집중력과 학습에 부족한 정보를 채워 나갔다. 다양한 갈래, 주제를 선정하여 읽고 그 내용들을 기억하는 연습을 하였다. 부담을 느끼지 않게 교과서의 한 페이지를 정하여 실시하였다.

연습 1 : 일정한 시간 안에 정해진 양만큼 그냥 읽고, 읽은 내용의 줄거리를 정리한다.

연습 2 : 중요한 부분에 밑줄을 긋거나 자신만의 표시를 해 가면서 읽도록 한 다음, 읽은 내용의 줄거리를 말하게 한다.

연습 3 : 발표할 목적으로 읽도록 한 다음 실제로 상담 중 발표의 기회를 갖게 한다.

연습 4 : 정해진 내용을 종철이가 선생님이 되어 상담자에게 가르칠 목적으로 교과서를 읽게 한다.

연습 5 : 연습하는 동안에 느낀 점을 발표하고, 자신에게 가장 효과적인 읽기(독서) 방법에 대해 적어 보는 시간을 갖는다.

연습 6 : 효과적인 읽기를 위해 '어떠한' 계획을 세우고, '어떻게' 노력해야 할 것인지 적어 보게 한다.

❺ 진로상담 효과

중학교 2학년인 종철이는 현실적응능력이 매우 저하된 상태였고, 부모의 강압적인 양육으로 자존감이 많이 낮아져 문제 해결력이 많이 부족했으며, 학업성적도 매우 낮은 아이였다. 그러나 종철이는 가지고 있는 능력자원이 많아서 자신에 대한 이해를 통해 자신의 꿈을 만들어 가는 진로상담과 학습상담을 병행했다. 종철이의 진로상담을 통해서는 부모와 소통하는 방법, 자신이 잘하는 것을 그려 보았다. 자신이 잘하는 것을 하기 위해서는 자신감이 필요하였다. 상담 횟수가 거듭될수록 자신이 잘할 수 있다는 자신감이 생겼고, 학습을 할 수 있는 힘이 생겨났다. 그러자 학습상담을 할 수 있는 능력이 생겼고, 공부할 수 있는 집중력을 키울 수 있도록 읽기능력

학습을 계속하였다. 그 결과 학습내용을 읽고 이해하는 능력도 많이 좋아졌다. 당연히 수업시간에 집중하는 태도도 향상됐고 친구들과의 소통능력도 생겨서 친한 친구도 만들게 되었다. 아직까지 급격한 성적 향상은 이루지 못했지만 현실적응능력은 많이 좋아져 지금은 학교생활을 즐겁게 하고 있다.

종철이 부모의 상담은 부모교육 프로그램을 만들어 같이 진행했다. 자신과 아이 이해하기, 소통하기, 긍정적 마인드 갖기, 공감과 경청하기 등을 통해서 종철이의 떨어진 자존감을 올려 주기로 하였다. 그리고 가족 모임을 통해 지금까지 배운 내용을 일상생활에 적용하면서 격려까지 아끼지 않으니 사랑받고 있다는 느낌을 인식한 종철이는 얼굴이 밝아졌고 아빠, 엄마와 대화하는 시간도 많이 늘어났다. 종철이 부모님은 지금도 지적하는 대화법에서 경청하는 대화로 계속 노력 중이다.

이번 상담을 통해서 종철이는 이제 친구들 속으로 자신 있게 한 걸음씩 나아가는 모습을 보이고 있다. 자신이 원하는 꿈을 향해 가려면 좀 더 많은 시간과 노력이 필요하겠지만, 잠재된 능력이 많은 종철이는 지금부터 하나씩 준비해 나가고 있다. 요즘 만나는 종철이의 얼굴표정에는 예전에 없던 자신감이 보이고, 자신의 힘으로 모든 문제를 해결하려는 열정과 노력이 보여 매우 멋있다.

2) 부모의 자녀에 대한 기대

(1) 부모의 기대

가정은 가장 기본이 되는 사회적 행동양식을 배워 나가는 최초 교육의 장이기 때문에, 학생의 진로의식 이전에 부모의 진로의식에 대한 고려가 먼저 이루어져야 한다. 그러므로 자녀 변화 이전에 부모 자신의 변화를 인지하여 부모 스스로가 자신에 대한 이해를 넓힘으로써 자녀의 문제행동뿐 아니라, 그에 영향을 미치는 자신의 모습을 깨닫고 스스로의 변화를 다지도록 해야 한다.

자녀는 엄마와 강한 정서적 유대를 갖는다. 이러한 유대관계는 아동기에서 청소년기로 이어지면서 개인의 성격 특성으로 발전하게 된다. 발달 초기 엄마와의 상호작용을 통해 긍정적·부정적 내적 표상을 형성함으로써 한 개인의 인생 초기뿐 아니라 전 생애 발달에 중요한 영향을 미친다(김명숙, 2009). 그래서 엄마의 불규칙적이고 일관성 없는 진로교육을 받은 아이는 자신을 무능한 존재로 느끼거나 타인과 상호작용을 하는 데 어려움을 겪게 된다.

　그러므로 부모에게 진로의식을 보완해 주는 교육은 다음과 같다. 첫째, 진로의식 향상이다. 자녀의 장래 진로에 대한 전망을 가지거나 진로탐색을 함으로써 진로의식을 가지게 한다. 둘째, 직업의 이해이다. 직업의 특징에 관해서 어느 정도 알고 관심이 있는지를 알아봄으로써 다양한 직업세계에 대한 이해가 필요하다. 셋째, 진로선택의 합리성이다. 자녀의 심리적 특성이나 직업이 가지는 속성들을 고려하고 의사결정을 하려는 태도나 직업에 대한 사회적 편견을 인식해야 한다. 넷째, 자녀에 대한 이해이다. 진로를 위해 자녀의 심리적 특성들을 이해하고 있어야 한다.

◆ 학생의 강점

- 자기 외부 세계에 관심이 많다.
- 이상을 구현하고자 하는 열의가 있다.
- 사람들을 감동시키는 능력이 있다.
- 모임에서 아이디어를 많이 낸다.
- 창조성과 상상력이 풍부하다.
- 붙임성이 있다.
- 활력이 넘치고 즐거운 분위기를 조성한다.

◆ 학생이 보완할 사항

- 인간관계에서 갈등이 있으면 일에 타격을 많이 받는 편이다.
- 사람들로부터 일을 인정받지 못하면 흥미를 느끼기 어렵다.
- 객관성을 유지하지 못하고 감정에 좌우될 수 있다.
- 치밀함과 조직력이 부족할 수 있다.
- 자기 말을 정확히 기억하고 책임지는 면이 부족하다.
- 이상을 현실과 조화시키는 것이 어렵다.

◆ **학생에게 적합한 진로 및 환경**

• 스스로 문제 해결방식을 생각해 내는 것으로 평가받을 수 있는 일

• 훌륭한 아이디어를 발전시켜 평가받을 수 있는 일

• 관료적이지 않은 직장

• 선구자적 시도를 추진하는 과정 중에 발생할 수 있는 실수에 대해 엄격하지 않은 직장

• 자기 결과물의 평가가 상사의 주관적 판단에 의해 좌우되지 않는 일

• 인간관계보다 업적으로 평가받는 직장

• 자신의 아이디어를 실천하는 데 형식적인 허가과정을 많이 거치지 않아도 되는 일

• 개인 사생활에는 보수적인 잣대로 간섭하지 않는 직장

(2) 수경이의 사례

❶ 사례정리

중학교 2학년인 수경이는 어머니의 많은 기대에 눌려 매일 무기력한 생활을 하고 있다. 이런 아이의 모습이 답답했던 어머니는 매일 잔소리를 했고, 잔소리의 내용도 수경이의 자존감을 낮게 만드는 언어 공격이 보통 수준을 넘고 있었다. 이에 대해 수경이는 무기력한 행동으로 대응했다. 엄마의 끊임없는 잔소리를 한쪽 귀로 들으면서 동시에 한쪽으로 흘려버리거나, 누워서 자는 행동으로 하루를 보내는 경우가 많았다. 이런 행동을 하는 아이가 답답했던 엄마는 이미 학습에 거는 기대는 포기한 상태였고, 진로에 대한 고민으로 찾아왔다. 공부보다도 수경이에게 맞는 진로가 무엇인지 알고 싶으며, 수경이가 행복할 수 있는 길을 찾아 주고 싶다고 하였다.

수경이의 엄마는 직선적이고 규범이 강한 이성적인 성향이다. 반면 수경이는 감성적이고, 무계획적이며, 친구를 좋아한다. 그러다 보니 이성적인 엄마의 눈에는 수경이의 행동 하나하나가 눈에 거슬렸고, 그래서 수경이는 엄마에게 매일 야단맞는 일이 많았다. 현재 수경이는 공부에는 전혀 관심이 없고, 집에만 있는데 그것도 잠을 자며 시간을 보낸다. 게다가 이런 자신의 불만을 먹는 것으로 풀고 있어 살이 많

이 찐 상태이다. 초등학교 때에는 공부를 꽤 했다는데 중학교에 들어와서는 계속 성적이 떨어져 지금은 하위권에 머물러 있다. 이런 딸이 걱정스러웠던 엄마는 학생들을 스파르타식으로 강하게 관리하는 학원에 보냈는데, 그나마 석 달 만에 못 견디고 나와 버렸다. 학원 생활이 답답했던 수경이는 엄마에게 동의를 얻기보다 자신의 의지대로 무작정 나와 버렸다. 쉬지 않고 무조건적으로 암기하는 학습 형태가 자신과는 맞지 않는다는 것이 수경이가 주장하는 이유였다. 그러나 수경이의 엄마는 공부를 게으르게 할 경우 이 학원에 계속 보낼 수밖에 없다고 강하게 말했다. 그래서 수경이와 엄마 사이는 갈등이 심해진 상태였다. 수경이네는 아이의 교육에 전혀 관심이 없는 아빠와 자기주도적 성향이 강한 동생, 그리고 엄마가 있으며, 모든 교육은 엄마의 생각 위주로 흘러가고 있다.

수경이는 초등학교 때 학업성적도 우수하였고, 6년 동안 반장을 도맡아 할 만큼 친구들 사이에서도 리더십이 뛰어났으며 친화력도 좋은 학생이었다. 항상 주위에는 친구가 많았고, 친구가 어려울 때에는 곁에서 이야기를 들어주는 역할을 하는 아이였다. 항상 씩씩하게 친구들의 일을 해결해 주던 수경이었지만, 감수성 많은 수경이는 정작 자신이 힘들 때 누군가에게 위로를 받기보다 참는 편이다. 큰일도 척척 잘하고, 외형상으로도 많이 씩씩해 보이기 때문에(고등학생으로 보는 경우가 많다.) 주변에서는 힘든 일이 없는 아이로 생각해 버리기 일쑤이다. 집에서도 마찬가지이다. 아이에 대한 욕심이 많은 엄마는 초등학교 때의 수경이만 생각하고, 중학생이 된 수경이를 같은 방식으로 양육했다. 중학생이 된 수경이는 초등학교 때보다 많아진 학습량과 어려워진 내용에 대해 힘들다는 의견을 표현했지만, 그때마다 엄마는 "너는 이런 것도 모르냐!"라는 말로 학습에 대한 스스로의 빠른 해결을 독촉했다. 시간이 흐를수록 누적되는 학습의 양, 자존감을 낮게 만드는 일방적인 엄마의 말, 동생과의 비교 등 여러 환경적 자극이 계속 이어졌다. 결국 수경이는 모든 것을 놓아 버리고 꿈도 없이 매일 잠만 자는 생활 속으로 회피해 버렸다. 이런 수경이의 모습에 당황한 엄마는 마음을 바꾸어 더 늦기 전에 수경이에게 자기가 하고 싶은 꿈이 무엇인지 찾아 주고 싶다고 하였다.

상담에서 털어놓은 수경이의 말을 빌리면, 학교에서는 누구보다 활발한 자신의 모습을 느낄 수 있는데 집에만 오면 아무것도 할 수 없는 자신의 모습으로 돌아간다고 고민을 말했다. 반복되는 엄마의 폭언도 힘겹고 무기력한 자신의 모습이 너무 한심하다는 생각이 든다고 했다. 그리고 늦지 않았다면, 지금부터라도 자신이 잘할 수 있는 것이 무엇인지 찾고 조금씩 노력해 보고 싶다고 하였다.

◆ 부모사례

수경이 엄마의 성격은 행동성이 높고 완벽주의적인 성향이다. 활달하면서 공손하고 예의 바르며 규범을 잘 준수하는 규범적 성향과, 지적이고 생각에 깊이가 있으며 자신의 주관이 뚜렷한 탐구적인 성향도 함께 지니고 있다. 일상생활이나 일에 있어 항상 원리 원칙을 중시하고, 주어진 규칙에 벗어나지 않는 편이다. 또 책임감이 강하고 매사에 계획적이고 완벽을 추구한다. 자신이 옳다고 생각하는 것은 행동도 같이 하는 성향이 있다. 감정보다 이성을 중시하고 인간관계를 잘 맺으며, 논리적이고 분석적인 일을 하기 좋아한다. 현실감각이 좋고 체계적이므로 세부적인 것까지 깔끔하게 마무리할 수 있다. 반복되고 일상적인 일에 대한 인내력도 어떤 성격보다 강하므로 어떤 일이든 중도에 그만두지 않고 끝까지 해낸다. 객관적이면서도 의지가 강하고 고집이 세기 때문에 다른 사람의 의견에 쉽게 영향을 받지 않는다. 다른 사람을 드러내 놓고 비판하지는 않아도, 속으로는 옳고 그름에 대해 정확하게 판단해 낸다. 그러나 때로 융통성이 부족하거나 지나치게 개인적인 시각에서 바라보는 성향 때문에, 전체적인 면을 고려하지 못할 수 있다.

반면, 수경이는 진정한 대인관계에 많은 의미를 두며 감상적인 성격을 지니고 있다. 정서가 매우 풍부하여 소설이나 영화 등의 이야기를 좋아한다. 마음이 따뜻하고 관용적이기 때문에 다른 사람을 쉽게 용서하고 기다려 준다. 그러나 자신의 부정적인 감정을 표현하는 것이 힘들어, 마음속에 쌓아 두는 경우가 많다. 누군가를 미워하거나 분노를 느끼는 것을 인정하는 것 자체가 힘든 일이므로, 자기 자신의 솔직한 감정이나 마음을 보지 못하고 정서적으로나 신체적으로 고통을 경험한다. 사람들에게 인정받거나 이해받을 때 자신의 능력을 발휘하며, 갈등이 생기면 매우 민감하게 받아들여 움츠러든다. 경쟁이나 논쟁을 싫어하고, 화합과 조화를 중시하므로 어디에서나 분위기를 부드럽고 온정적으로 만드는 능력을 지니고 있다.

그러므로 수경이는 자신의 마음을 알아주고 감성적인 대화를 하는 것을 좋아한다. 어머니는 활동적이고 감정보다는 과제에 중심을 두고 판단하는 경향이 있다. 또 의지와 책임감이 매우 강하기 때문에 무엇이든 마음을 먹으면 해낸다. 그러나 수경이는 쉽게 흔들리고 의지가 약하기 때문에 엄마 입장에서는 그러한 수경이의 모습이 마음에 들지 않고 이해할 수 없을 것이다. 수경이 엄마가 한 번씩 자녀에 대한 믿음과 사랑, 자녀의 중요성이나 소중함 등을 표현해 준다면 수경이에게 도움이 될 것이며, 평소에 자녀가 마음을 터놓고 이야기할 수 있는 편한 친구 같은 대상이 되어 주는 것도 필요하다. 애정이 담긴 따뜻한 표현만으로도 아이의 혼란스러운 감정을 정리하는 데 도움이 될 것이다.

만약 엄마가 아이를 자존감을 상하게 하는 말로 양육한다면, 아이는 무기력한 행동에 빠질 수 있는 경향이 매우 높다. 아이는 감성이 높은 성향을 가졌고, 어머니는 이성적인 부분이 많이 발달되어서 규칙에 맞지 않으면 잔소리를 하는 경향이 많다. 아이의 느린 행동에 대한 잔소리로 시작하여 학습적인 부분까지 점점 잔소리의 강도도 높아진다. 흔히 잔소리하는 내용으로는 "너는 바보냐. 왜 이것밖에 못해?" "머리가 많이 나쁘구나." "몸이 뚱뚱하니 그렇게 게으르지." 등이 있는데, 이런 자존감을 상하게 하는 말들은 감성적인 아이를 무기력해지게 한다. 특히 중학생은 자신의 세계를 만들어 가는 과정인데 자존감이 낮아지는 말로 양육당했을 때, 자신이 정말 아무것도 못하는 바보라는 생각이 들 수가 있고, 반복되는 생각으로 인해 행동을 멈추어 버리는 무기력에 빠지게 만들 수 있다. 감성적인 아이는 많은 칭찬과, 반복되는 실수라도 할 수 있다는 격려의 말이 필요하다. 그것이 아이로 하여금 자신의 길을 걸어갈 수 있게 하는 원동력이 된다는 것을 부모들은 잊지 말아야 할 것이다.

❷ 진로검사 및 원인분석

수경이는 사람과의 관계를 촉진하고 활력을 불어넣는 일을 선호하는 학생으로, 사람을 격려하고 고무시키는 일을 좋아하는 열성가형이다. 복지 향상을 위한 사회적 변화의 필요성에 대해 공감하며, 이러한 모임이나 운동에 관심이 많다. 모든 일은 사람을 위주로 이루어진다는 생각이 강해서 일로 만난 사람과도 사적으로도 친밀한 관계를 유지하려 한다. 많은 사람에게 인정받을 수 있는 일을 좋아하며 일이 다소 힘들거나 불만족스러워도 함께 일하는 사람들에 대해 만족하면 즐겁게 일하기도 한다. 자신의 아이디어와 방식으로 타인의 발전에 직접적으로 기여할 수 있는 일을 할 때 만족감이 클 것이다. 객관적인 자료 수집이나 냉철한 분석이 요구되는 일보다는 자신의 직관을 활용하고 싶어 한다. 무엇보다 친화력이 좋기 때문에 상대방을 설득하거나 의견을 모아 주도적으로 일을 진행해 나가는 데 탁월한 능력을 발휘할 수 있다.

주변의 인간관계가 평온하지 않으면 자신이 하고 있는 일의 능률이 오르지 않는 경우가 많기 때문에 사적인 관계에서의 감정과 객관적인 일을 잘 구분하는 것이 필요하다. 또, 자신이 설정한 기준보다는 타인이 그 일을 어떻게 평가하느냐가 더 중요한 잣대가 되기 때문에 간혹 일관성 없는 모습으로 비춰질 수 있다. 따라서 일에 대한 일관된 평가 기준을 적용하는 것과 일처리를 말끔하게 하는 습관을 키우는 것이 중요하다. 이러한 습관은 학업에도 동일하게 적용되며 그때그때의 감정에 치우치기보다는 체계적으로 학업계획을 실천할 필요가 있다.

활력 있고 풍부한 상상력은 장점이 될 수 있으나, 떠오르는 생각들을 책임감 없이 말로 뱉어 버리는 것은 때로 큰 타격이 될 수 있으므로 중요한 일을 처리할 때에는 보다 신중을 기해야 한다는 점을 기억해야 한다.

수경이는 창의적인 영감으로 사람들을 감동시키는 강점을 가지고 있다. 수경이의 강점을 살릴 수 있는 조건으로는 잘한다는 칭찬과, 잘할 수 있다는 믿음이 필요하다. 그리고 강압적으로 하는 공부나 일은 오히려 효율성이 떨어진다. 수경이가 스스로 할 수 있는 기틀을 만들어 주면 자신의 능력보다 더 큰 효율성을 가져올 수 있다. 특히 부모의 지나친 강압적 훈육이나 자존감을 낮추는 언어는 아이로 하여금 무기력한 행동을 가져오게 하니 반드시 주의해야 한다.

진로탐색

성격	능력	적성	흥미	부모가 자녀에게 거는 기대	진로성숙도
외향성/감성적	높음	교육계열 사회계열	크리에이티브	상	하

❸ 상담목표 설정 및 진로상담 과정

수경이는 자신의 생각을 행동으로 옮길 수 있는 시도를 전혀 하지 않는 아이이다. 그래서 집에만 오면 계속 잠만 잔다. 이런 아이가 답답한 엄마는 계속 야단만 친다. 이에 대해 수경이는 반응이 없다. 이런 계속되는 반복의 고리를 끊기 위해서 엄마와 수경이 모두 상담을 하였다.

딸에게 꿈을 찾아 주고 싶다는 엄마의 요청대로 먼저 수경이에게는 진로탐색검사를 실시하였다. 성격, 흥미, 능력, 적성 등 검사를 통하여 장점과 단점을 찾기로 했다. 또 일반적으로 수경이가 어떻게 살아가고, 어떤 진로를 선택할 것인가 하는 관점에서 생각하고, 자기평가 과정을 가지기로 했다. 이런 과정을 거치면서 수집된 모든 정보를 바탕으로 어떤 진로를 선택할 것인지는 수경이 스스로 결정하도록 했다.

수경이는 외향적이고 개방적이며 관계지향적인 성격이다. 사람과 같이 있는 것을 좋아하며 개방적이고 변화와 혁신을 추구하는 행동 경향을 지니고 있다. 흥미검사를 통해 수경이의 흥미영역을 발견하고 자신이 진정으로 하고 싶은 것이 무엇인지를 체계적으로 파악할 수 있도록 한 결과, 예술창작분야에 많은 흥미를 가지고 있었다. 적성은 사회계열이 조금 더 우수하게 나왔다. 수경이는 개인적인 목표를 성취하지 못한 것으로 인해 낮은 자존감을 가지고 있고, 수경이의 이런 낮은 자존감은 엄마의 지나친 기대에서 생기는 훈육방식으로 나타난 것이었다.

제일 먼저 수경이 스스로 강점을 찾아보기로 했다. 지금까지 나온 자료를 통해 자신의 숨은 강점을 스스로 찾게 하고 자신감과 긍정적인 방식을 함양하는 것이 상담목표였다. 처음에는 사소한 것부터(친구들과 사이좋게 지낸다, 발이 예쁘다, 성격이 좋다 등) 시작하여 리더십이 강하고, 사교성이 좋아서 친구들이 많으며, 하고 싶은 일에 대해서는 능동적으로 할 수 있는 에너지가 풍부하다까지 자신의 강점을 하나씩 찾게 되었다.

다음으로 많이 낮아진 수경이의 자존감을 향상시키기로 했다. 수경이가 가지고 있는 장점들을 부각하며 격려하였다. 그리고 긍정적인 단계를 강화시켜 잘한 것에 대해서는 칭찬을 아끼지 않았다.

수경이 스스로 생각한 자신의 장점, 특기, 장기, 아름다운 것, 능력, 학교생활에서 친구들에게 인정받은 것, 신체적 특징 등 50개 이상 적게 하여 정리한 내용을 가지고 진로탐색평가를 기초로 하여 상담을 하였다. 이 자료를 가지고 수경이와 많은 이야기를 나누었는데, 학교생활에 관한 이야기가 많은 비중을 차지했다. 예를 들면, 학교에서 친구들의 힘든 이야기를 들어준 것, 학교 행사 때 리더가 되어 능동적으로 이끌었던 것, 피아노가 좋아서 피아노를 지금까지 계속 친 것, 노래 가사가 떠올라 작곡을 해 놓은 것 등 자신이 인정받은 것들이 많았다. 상담 진행과정에서 이런 수경이의 능력을 계속 칭찬해 주었다. 그러자 수경이는 자신감을 조금씩 보이기 시작하였고, 학교 끝나고 집에 와서 잠을 자는 횟수도 조금씩 줄어들기 시작하였다.

마지막 단계로 진로상담의 결과를 최대화하기 위해 수경이가 충분한 노력을 기울이도록 하는 기준을 강화시켰다. 수경이에게 낮은 목표부터 하나하나 수행하도록 했고, 수행단계를 강화하기 위한 목표 설정에 수경이를 참여시켰다. 이 단계부터는 학습목표까지 넣어서 수행하도록 유도하였고 자신의 꿈도 그리게 하였다.

현재 수경이는 예전에 밝았던 모습으로 돌아갔고, 자신감이 많이 향상되었다. 학교에서의 생활도 더욱 자신감이 넘쳐 보였다. 아직까지 학습적인 면에서는 많이 힘들어하고 있지만, 자신이 세운 꿈을 이루기 위하여 열심히 노력하는 모습을 보이고 있다. 외향적이고 사람을 좋아하는 성격과 창의성이 높고, 열정이 있으며, 음악에 가장 많은 흥미가 있는 수경이는 음악 PD의 꿈을 만들어 가고 있다.

◆ 부모상담

수경이 엄마는 수경이와 정반대로 이성적이고, 자신의 일은 끝까지 책임을 다하는 성향이다. 수경이가 초등학교 때까지는 학교에서 전교 회장도 하고, 성적도 상위권 안에 들었기 때문에 이런 수경이가 항상 자랑스러웠다. 그래서 자존심이 강한 엄마에게 수경이는 밖에 나가서 마음껏 자랑할 수 있는 희망이었다. 그러나 중학생이 된 수경이는 엄마의 기대와 다른 방향으로 점점 멀어져만 갔다. 수경이가 성적이 내려가면 갈수록 엄마의 잔소리는 심해졌고, 심지어 폭언까지 자주 했다.

그래서 수경이 엄마의 상담은 자신과 수경이의 다른 모습을 이해시키는 것부터 시작했다. 엄마는 초등학교 때와 너무나도 다른 수경이의 현재 모습을 한참 동안 받아들이지 못하였다. 각자의 성격유형이 다름을 인식시키고 난 후, 아이의 성격유형에 맞는 양육방법을 경험하도록 하였다. 그 방법으로는 공감연습을 시켰다. 수경이 엄마는 많은 실수를 경험하면서 수경이와 조금씩 가까워졌고, 수경이의 강점을 발견하고 아이의 행동 하나하나에 칭찬하는 훈련을 하였다. 처음에는 수경이도 엄마도 모두 힘들어했지만 조금씩 변해 가는 수경이의 모습을 보며 수경이 엄마는 지금도 꾸준히 노력을 하고 있다.

❹ 학습상담

수경이는 첫 상담에서 중학교에 올라오니 학습량이 너무 많아져 어떻게 공부해야 하는지 방법을 잘 모르겠다고 하였다. 책을 펴면 어디서부터 무엇을 해야 할지 모르겠고 어디를 어떻게 읽어야 하는지 몰라 막막하기만 하다고 고민을 말했다. 그래서 수경이에게 맞는 학습코칭을 시도하였다. 수경이의 학습진단 결과를 보니 어휘력 부족, 문장이해능력이 많이 부족하였다. 그래서 어휘력 향상 및 문장이해도에 중점을 두고 학습코칭에 임하였다.

◆ 첫째 : 단어이해능력 기르기

하나의 지문을 읽고 먼저 모르는 단어를 형광펜으로 칠하고, 사전에서 모르는 단어를 찾아서 적어 보기를 하였다. 난이도가 있는 단어는 단어를 이용하여 짧은 글을 짓도록 하였다.

◆ 둘째 : 문장이해능력 기르기

수경이는 특히 문장의 맥락을 이해하지 못했다. 먼저 문장을 읽고 어려운 단어를 찾아 옆에다 써 놓는다. 문단마다 핵심 단어를 찾게 하고, 중심문장을 찾아 정리하게 한다. 다음은 지문에 있는 내용을 질문하여 이해도를 파악하였다. 수경이가 혼돈하는 부분은 다시 설명하여 이해를 시켰다. 그러나 글을 읽고 내용을 어떻게 정리하며, 문제를 구체적으로 어떻게 푸는지에 대한 정보는 제공하지 않았고 단지 최선을 다해 응답하라고 격려하였다. 차후 글을 여러 번 읽고 정리하는 훈련을 통해 문장이해능력이 많이 향상되었다.

❺ 진로상담 효과

학교에서 돌아오면 잠만 자던 무기력한 수경이가 점점 달라졌다. 진로탐색을 통해 자신의 미래에 대한 꿈도 그렸다. 자신이 좋아하는 피아노와 자신의 능력과 성격을 바탕으로 그린 꿈이 '음악 PD'였다. 자신의 꿈을 그린 수경이는 집에서의 무기력한 모습이 많이 수정되었다. 요즘 수경이는 집에 돌아오면 한 시간 정도 휴식을 취했다가 자기가 좋아하는 피아노를 배우러 간다. 저녁식사 후에는 하루에 한 시간씩 교과서로 학습코칭받은 대로 자기주도학습을 한다. 그러자 학교에서도 수업태도가 많이 좋아졌고, 선생님의 칭찬까지 듣고 있다. 몸이 바빠지니 집에서 낮잠 자는 횟수가 줄었고, 그때마다 엄마는 애정 어린 칭찬을 해 준다. 지금은 하루하루 무기력하게 보냈던 예전의 수경이가 아닌 아름다운 '음악 PD'를 꿈꾸는 활기찬 수경이가 되었다.

📖 참고자료

김남규(2000), 초등학생의 진로흥미와 다중지능의 상관관계, 대학원학술논문집, 49, pp. 29~71, 건국대학교대학원

김명숙(2009), 중학생의 가족체계 지각, 완벽주의, 진로결정자기효능감 및 진로성숙 간의 관계, 홍익대학교 대학원 박사학위논문

김주현(2005), 다중지능이론에 기초한 진로교육 프로그램 개발 연구, 서울대학교 대학원 박사학위 논문

김충기(2000), 진로교육과 진로상담, 서울 동문사

이재창(1999), 오늘의 청소년문화와 가정교육, 교육연구 354호, pp. 14~18, 한국교육생산성연구소교육연구사

임두순(1993), 중학교 진로교육 강화 방안연구, 교육개발 84호, pp. 67~72, 한국교육개발원

임인재(2002), 국가 수준의 학력 평가, 어떻게 해야 하나, 교육진흥 제15권 제2호 통권 58호, 중앙교육

한국진로교육학회(1999), 진로교육의 이론과 실제, 서울 교육과학사

제 **3** 장

창의적 책 읽기를 통한
자기주도학습 및 진로탐색

1) 달라진 2013년 교육정책

2013년 교육정책은 '2009 개정 교과 교육과정'을 적용한 것이다. 2009년 12월 23일, 선진교육체제를 구상하여 '미래형 교육과정'이라는 이름으로 새로운 교육과정을 과학기술자문회의에서 제안하였다. 이 내용을 교육과학기술부에서 구체화하였고, 2009년에 개정되어 공식 명칭으로 붙여진 것이다. 2009 개정 교육과정을 반영하기 위해 새롭게 제작되는 교과서들을 2014년부터 도입하기로 하였으나, 1년 앞당겨 2013년부터 새로운 교과서를 반영하여 현재 운영하고 있다.

2013년 교육정책의 핵심은 '융합인재교육'이다. 융합인재교육이란 학교교육에서 학생들이 어렵다고 생각하는 과학이나 수학 과목을 공학, 기술, 예술 등과 접목시켜 가르치는 교육으로, 과학 기술에 대한 학생들의 흥미와 이해를 높이고 과학 기술 기반의 융합적 사고(STEAM Literacy)와 실생활 문제 해결력을 배양하는 교육을 의미한다. 2013년에 초등학교 1학년과 2학년, 중학교 1학년을 시작으로 하여 점차적으로 적용하고 있으며 2015년이면 모든 학년에 적용할 예정이다. 2013년 교육정책의 가장 큰 변화는 수학 교과서 개편에 있어서 그 내용이 STEAM형으로 바뀌는 것이다. STEAM이란 Science(과학), Technology(기술), Engineering(공학), Arts(예술), Mathematics(수학)의 맨 앞글자에서 따온 말로, 특정 주제, 과제를 중심으로 교과 간 연계를 통한 '융합교육'을 의미한다.[1]

여기서는 단순한 문제풀이나 암기식이 아닌 스토리가 있는 지문을 읽고 통합적인 사고를 해야 문제를 해결할 수 있다. 주변에서 쉽게 볼 수 있는 소재와 다양한 이야기를 통해 쉽게 수학을 배우는 스토리텔링 학습이 도입된 것이다. 새 교과서는 문제 해결능력, 의사소통능력, 수학적 추론 등을 통한 '창의적인 종합 사고능력'을 강조한다. 즉, 통합교과로 수학+과학+기술+공학+예술 등 다양한 학습법이 강화되는 것이다. 기존의 주입식, 암기식 교육을 학생들이 즐겁게 배울 수 있도록 체험, 탐구, 실험 중심으로 전환함으로써 정립된 지식과 개념, 이론을 배우던 기존 교육을 넘어 지식을 왜 배우는지, 어디에 사용되는지 이해하고 실생활에 활용할 수 있도록 하는 것이 학습 목표이다.[2]

예를 들면 거울과 관련된 글을 읽고, 거울을 이용한 구조물을 만들고, 그것을 광고하는 글이나 거울과 관련한 자신의 경험과 느낌을 표현하고, 거울을 보고 자기 얼굴을 그리는 활동을 하며 어떤 교과를 하는지 구분을 두지 않고 거울의 원리를 이해시키는 수업을 한다.[3]

2) 2013년 교육정책의 배경

① 세계화, 국제화 시대에 맞춰 글로벌한 창의적 인재 육성을 하겠다는 의도로 볼 수 있다. 2013년 교육정책의 또 다른 특징은 학년과 교과 간의 경계를 허물려고 한다는 점이다. 자신의 진로에 적합한 교과목을 선택할 수 있게 하며 선택교육과정 기간을 연장할 수 있다. 과목별로 20% 범위 내에서 수업시수 역시 자율적으로 늘리고 줄일 수 있게 된다. 자신이 모자란 과목에 대해 수업시수를 늘려 부족한 부분을 채울 수도 있고, 한 과목에 대한 심도 있는 학습도 가능해진다.

② 지식 정보화 시대에 맞춰 학습 경험의 '양'보다는 '질'을 강조한다.

③ 전문화 · 다변화되고 있는 사회, 다양한 교육 수요자들의 요구에 맞춰 교육과정의 다양화, 특성화가 필요하다.

3) 2013년 교육정책의 방향

① 경직된 교육과정 운영체제에서 탈피하여 학년과 교과 간의 경계를 없애고 학생이 중심이 되는 교육과정 운영시스템으로 전환할 계획이다.

② 진로에 적합한 교육과정 운영 — 진로 집중과정과 관련된 과목의 심화학습이 가능하다.

③ 다양한 체험활동을 통한 학습 강화 — 창의적 체험활동(자율활동, 동아리활동, 봉사활동, 진로활동 등)을 도입하여 배려와 나눔을 실천하는 '창의적 인재 양성'

을 위한 실질적인 교육활동을 한다.[4]

4) 창의적 사고를 위한 교육의 방향과 책 읽기

급변하는 현대 사회를 살아갈 학생들에게 어떤 교육을 해야 할 것인가 하는 문제는 모두의 고민이다. 일부 학자들은 19세기를 A시대, 20세기를 B시대, 21세기를 C시대라고 규정하였다. 19세기는 군사 강대국이 세계를 지배했던 'Army 시대'로, 20세기는 경제 강대국이 세계를 지배했던 'Business 시대'로, 그리고 21세기는 문화 강대국들이 세계를 지배할 것이라는 'Culture 시대'가 될 것이라고 전망한 것이다. 이것을 개인에게 적용한다면 문화적 재생산력이 강한 사람이 그 사회의 지도자가 될 것이라는 말과 의미가 통한다. 이제는 산업 사회에서 지식정보 기반 사회로의 전환이 일어났고 거기에 알맞은 '패러다임의 의식전환'이 필요하게 되었다. 이러한 21세기 전망과 더불어 교육에도 새로운 인식이 요구되고 있다.

첫째, 기존의 지식은 지식의 내용을 중심으로 분류하는 데 비해 21세기 이후 사회에서의 지식 분류는 지식의 내용이 아니라 정보처리방법에 따라 새롭게 분류한다. 기존의 지식 상호 간의 벽이 무너지면서 지식의 통합이 이루어지고 있다는 것이다. 서로 다른 영역의 지식을 하나로 통합하여 새로운 지식을 만들어 내는 사고력이 필요한데, 이것이 창의적 사고력이다.

둘째, 지식의 유통 기간이 인간의 수명보다 점점 짧아지고 있다는 데 교육의 문제가 생긴다. 이것을 쉽게 풀이하면 학생들에게 기존의 지식을 단순 암기만 하도록 강요할 수 없게 되었다는 것을 의미한다. 열심히 학습내용을 외웠는데 그것을 활용할 시점에서 새로운 지식이 등장하여 그 지식은 소용이 없게 되는 현상이 일어나기 때문이다. 따라서 기존의 지식을 기반으로 자신의 아이디어를 활용하여 새로운 지식으로 구성해 내는 사고능력이 필요하게 되는데, 이것이 바로 창의적 사고력이다.[5]

그렇다면 창의력은 어떻게 해야 생기는 것일까?

지구 상에는 수많은 생물들이 있다. 그러나 그중 인간만큼 창의력을 갖춘 존재도 드물 것이다. 갈수록 경쟁력이 치열해지는 현대 사회에서 최근 가장 필요로 하는 인재 역시 '창의적 인재'이다. 창의력이 부족한 사람이라면 냉혹한 현실 사회에서 쉽게 뒤처질 수밖에 없다. 창의적 인재는 상황에 대한 대처능력이 뛰어날 뿐만 아니라 자신이 갖고 있는 배경지식을 총동원하여 문제를 해결하는 능력이 빠르기 때문에 누구나가 원하는 인재가 될 수 있는 것이다. 그러나 안타깝게도 창의적 인재는 하루아침에 만들어지는 것이 아니다. 타고나는 면도 있겠지만 오랜 기간 꾸준한 노력을 기울여야 한다. 그 노력 중 가장 접근하기 쉬운 방법이 바로 '책 읽기'이다. 책을 읽으면 상상력, 세계관, 어휘력, 창의력, 잠재력 등이 길러진다. 다양하고 좋은 책을 읽는 행위는 무한한 상상력을 자극하여 두뇌를 개발하게 하는 효과가 있으며 지식의 습득은 물론 사고의 폭을 넓혀 자신의 진로를 탐색하는 데에도 도움을 준다. 그래서 책 읽기는 하늘이 주신 인간만이 할 수 있는 유일한 축복이라 할 수 있는 것이다. 2013년 교육정책 역시 '창의적 융합인재교육'을 목표로 하고 있다. 다시 한 번 창의적 책 읽기의 중요성이 강조되는 시점이 된 것이다.

5) 현재 우리 아이들의 창의적 책 읽기 실태와 방안

책보다 더 재미있는 텔레비전과 게임 등의 매체 이용 시간이 많은 요즘 아이들! 수많은 매체들의 유혹 속에서 살고 있는 아이들에게 그래도 책이 더 유익하고 좋은 것이니 무작정 읽어야 한다며 강요할 수만은 없다. 그 결과 요즘 초, 중, 고교생들의 '생각 없는 독서'가 늘고 있는 부작용이 생겼다. 문화체육관광부와 OECD(경제협력개발기구) 등이 발표한 '2012년 한국 학생들의 독서실태 통계'를 분석해 보니 학생들의 독서량(책 권수)이 늘었음에도 불구하고 독서 시간은 오히려 줄고 있다는 것이다. 책을 많이 읽는 학생 그룹을 국제적으로 비교해 보니, 한국 학생의 읽기능력 경쟁력이 OECD 다른 회원국에 비해 떨어졌다. OECD는 한국 학생들은 암기력이나 응용력이 뛰어나지만, 과제의 목적이나 텍스트의 중심 생각을 파악하는 독서 통제력(목적대로 독서과정을 이끌어 가고 저자의 의도를 파악)은 부족하다고 문제점을 지적했다.

독서량이 느는데도 이런 문제점이 생긴 이유는 무엇일까? 조사 결과에 의하면

학생 4명 중 1명은 여전히 책 읽기를 피하고 독서 습관에 문제가 있는 것으로 응답 했다. 독서를 꺼리는 이유를 물어보니 '책 읽기가 싫고 독서 습관이 들지 않아서' (26%), '학업에 대한 부담'(25%), '영상 매체 이용 시간 때문에'(22.5%) 순으로 나타 났다.[6] 이것은 한국 학생들의 독서방식이 외형적으로는 화려해 보이지만 실속이 없다는 뜻이기도 하다. 수박 겉핥기 식으로 책을 빨리 읽는 추세가 증가했다는 뜻인데, 억지로 책 읽기를 강요한 역효과라 생각한다.

우리 아이들의 책 읽기 유형은 크게 세 가지 유형으로 나누어 볼 수 있다.

첫째, 책을 읽고 나서 곧바로 재미있다 또는 재미없다로만 구분 짓는 유형이다. 가장 잘못된 책 읽기 유형으로 책 읽기의 목적을 단순히 재미에만 한정했기 때문에 책을 읽은 후 깊은 사고를 유도할 수 없다.

둘째, 책의 내용을 적극적으로 이해하려 노력하는 유형이다. 문학 작품이나 인물에 관한 책을 읽고 작품 속 인물과 내용에 대해 생각은 하지만 거기서 그칠 뿐 자신에게 적용하거나 생활 속에서 활용하지 못한다. 책의 내용에만 집중했기 때문에 폭넓은 사고와 다양한 경험을 유도할 수 없다.

셋째, 책을 읽고 창의적으로 생각하는 유형이다. 가장 이상적인 책 읽기 유형으로 작품 속 인물들에 대해 생각하고 '나는 어떻게 하였을까?' '작품 속 인물에 비해 나의 부족한 부분은 무엇인가?' 등 다각도로 생각하면서 자신에게 필요한 부분을 적용해 보고 자신의 문제 등을 개선하려 노력한다. 지식의 정보 습득은 물론 폭넓은 사고와 올바른 가치관 형성을 유도할 수 있다.[7]

우리 아이들의 책 읽기는 어떤 유형에 속할까? 긴말하지 않아도 눈치챘을 것이다. 그래서 우리 아이들의 창의적 책 읽기를 위해서 가장 먼저 해야 할 일은 책 읽기에 재미를 붙일 수 있는 '체계적인 독서지도'인 것이다.

다양한 책 읽기활동을 통해 얻은 지식은 자기주도학습에 도움이 될 뿐만 아니라 자신이 경험해 보지 못한 여러 분야를 알게 하고 폭넓은 경험의 기회를 제공한다.

여기서 책 읽기는 무작정 책을 읽는 것이 아니라 학생의 수준과 연령, 흥미 등의 여러 요소를 고려한 책을 골라 읽는 것을 말한다. 우리 아이들은 이미 양적으로는 성장했지만, 질적인 면에서는 아직도 많이 부족한 편이다. 자신에게 맞는 좋은 책을 많이 읽고, 다양한 독후활동을 통해 생각이나 느낌을 정리해 보는 꾸준한 습관이 '창의적 책 읽기'의 시작이다.

6) 청소년 시기에 책 읽기는 왜 중요한가

책을 읽는다는 것은 독자가 역동적으로 의미를 구성해 가는 과정이다. 자기 나름대로 작자의 의도나 글에 나타나 있는 각종 실마리를 재해석하고 종합하면서 의미를 재구성해 나가는 것을 말하는데, 독자는 글을 읽어 나가는 과정에서 계속해서 하나의 미완성 작품을 채워 나가고 스스로 그 의미를 확장해 나간다. 이것이 읽기이다.

교육이 시작된 이래로 우리 사회는 학생들에게 끊임없이 책 읽기를 강조해 오고 있다. 그만큼 중요한 이유가 있기 때문일 것이다. 그렇다면 동서고금을 막론하고 책 읽기를 강조하는 중요한 이유는 무엇일까? 개인에 따라 더 많은 이유들이 있겠지만 보편적이고 중요한 이유 몇 가지만 정리해 보자.

첫째, 책 읽기는 지식이나 정보를 얻는 가장 보편적이면서도 유용한 행위이다. 문자가 발명된 이후 대부분의 지식이나 정보는 책, 즉 글이라는 형태로 저장되어 있다. 한마디로 '진리'의 저장고인 책에서 우리는 책을 읽는 행위를 통해 수많은 지식이나 정보를 얻고 있는 것이다.

둘째, 책 읽기를 통해 자기수양과 정서를 함양할 수 있다. 차분한 마음으로 책을 읽으면 그 속에 빠져드는 과정에서 마음의 안정과 정서를 함양할 수 있다. 그래서 수많은 사람들이 인격 수양 활동으로 책 읽기를 인식한 것이다.

셋째, 책 읽기는 언어 발달을 촉진한다. 책 읽기를 통해서 얻은 어휘나 언어구조 등을 활용하여 말하기나 쓰기를 하게 되는데, 책을 많이 읽는 사람들은 일반적으로 말하기나 쓰기 등을 잘한다. 이것은 책 읽기를 통해 말하기나 쓰기를 하는 데 필요한 지식은 물론 자연스럽게 언어구조나 지식, 언어적 사고방식 등을 배웠기 때문이다.

넷째, 책 읽기는 학습의 주된 도구이다. 어떤 교과의 학습이든 글을 읽는 행위를 통해 학습이 이루어질 수밖에 없다. 책을 읽는 능력이 부족하고 책을 읽는 습관이 잘 되지 않은 학생은 아무래도 자기주도 학습은 물론 학습 목표를 달성하는 데 어려움이 따른다.

다섯째, 책 읽기는 사고력을 개발하는 원천이다. 다른 경로를 통해서도 사고력은 향상될 수 있지만, 책 읽기는 가장 쉽고 보편적이며 한편으로 높은 수준의 사고력을 개발할 수 있는 행위이다. 책 읽기를 통해 우리는 기억력을 증진시킬 수 있고, 높은 수준의 사고력이라고 할 수 있는 논리적 사고력, 비판적 사고력, 창의적 사고력을 키울 수 있다. 주체적이고 창의적인 책 읽기를 통해 길러진 사고력은 다른 교과 학습에 든든한 토대가 되며, 일상생활을 영위해 나가는 데 필수적인 역할을 한다.[8]

공부가 일상인 학생들에게 책 읽기는 어떤 의미일까?

아마 성적을 올려야 한다는 강박관념에 사로잡혀 한 달에 책 한 권, 아니 1년에 한 권도 읽지 못하고 학교로 학원으로 다람쥐 쳇바퀴 돌 듯 빙빙 돌면서 책 읽을 시간이 없다고만 투덜대고 있는 자신의 모습이 떠오를 것이다. 독서 수준은 그 사람의 교양 수준이자 사고력 수준이며, 살아가는 데 꼭 필요한 능력이다.

그렇다면 왜 청소년 시기가 책 읽기 능력을 갖추는 데 중요한지 생각해 보자. 초등학교 때까지는 재미 삼아 책을 읽고 어려운 책 또는 골치 아픈 책은 곁눈질 한 번 제대로 주지 않았을 것이다. 그러나 중학생 때부터는 좀 더 진지하게 책을 읽을 필요가 있다. 왜냐하면 세상의 모든 일을 한 가지 시선으로만 바라볼 수 없듯이 책 읽기 또한 다양한 시각에서 바라보고 파악해야 하기 때문이다. 다양한 관점에서 책을 탐색하고 탐미하면서 세상을 보는 눈을 길러야 한다. 세상의 모든 일을 직접 경험하고 터득하면서 하나씩 지혜를 쌓아 나가면 좋겠지만 현실은 그럴 수 없다. 그래서 책 읽기를 통해 다양한 세계를 탐험하고 더 넓은 세상을 바라볼 수 있는 눈을 길러야 하는 것이다. 초등학교 때처럼 단순한 취미에 머물지 않고 스스로 좋은 책을 고르고 제대로 읽어 내는 능력을 중학교 때부터 길러 놓으면 풍부한 배경지식과 종합적 사고력을 갖추게 되어 공부와 진로 모두를 다 잡을 수 있는 장점이 있다.[9]

② 청소년이 꼭 알아야 할 읽기 전략 열두 가지

책 읽기는 세상과 인간에 대한 이해를 바탕으로 삶의 의미를 발견하고 그것을 표현하는 힘을 가지고 있다. 그러나 그 힘을 제대로 발휘하려면 '제대로 된 읽기'가 전제되어야 한다. 다른 사람과 다른 나만의 창의적인 표현으로 자신을 드러낼 수 있으려면 제대로 읽고 깊이 분석하며 무언가를 다른 시각으로 바라볼 수 있는 힘을 갖추어야 한다. 그래서 읽기 훈련이 꼭 필요한데 막연히 연습하는 것이 아니라 내용을 제대로 이해할 수 있게 하는 읽기 전략을 사용하면 훨씬 효과적이다. 사람에 따라 차이가 있으나 다음과 같은 전략을 고려하면서 제대로 된 창의적 책 읽기 훈련을 해 보자.

1) 미리보기를 통해 책의 성격을 파악하자!

사람과 사람의 만남에서 첫인상이 중요하듯 자신이 읽을 책과의 첫인상 또한 중요하다. 그 느낌이 어떤가에 따라 오래도록 기억에 남을 책이 되기도 하고, 펼쳐 보지도 못한 채 책꽂이에 꽂히고 마는 신세가 되기도 한다.

책에 대한 관심은 호기심에서부터 시작되는데, 이것을 불러일으키는 것이 바로 책표지이다. 책표지에 적혀 있는 제목과 그림들이 어떤 느낌을 주느냐에 따라 책을 읽고 싶은 마음이 생기기도 하고 그렇지 않을 수도 있기 때문이다. 이때 책표지에 있는 정보를 이해하는 데에만 그치지 말고 스스로 여러 가지 질문을 던져 보고 생각해 보는 시간을 가져 보자. 책을 부담 없이 훑어보면서 표지 뒷면에 있는 글쓴이에 대해 읽어 보고, 책머리에 있는 저자의 말도 읽어 본다. 별것 아닌 행동처럼 보이지만 이것만으로 어떤 책인지를 금세 눈치챌 수 있게 되어 책의 내용을 이해하는 데 충분한 도움이 될 것이다. 목차에 따른 제목들도 미리 보면서 관심이 있는 부분이나 사진(그림) 등을 술술 읽다 보면 책에 대한 호기심이 더 생길 수 있다.

별것 아닌 것 같지만 이는 책과 친해질 수 있는 자발적인 행동이 되며 반복을 통해 스스로 책을 선택하고 끝까지 흥미를 잃지 않고 읽을 수 있는 힘을 만들 수 있다.

〈얼굴 빨개지는 아이〉

장 자끄 상뻬 글, 그림 | 출판사 : 별천지

얼굴 빨개지는 아이? 무슨 이유로 얼굴이 빨개지는 것일까? 책 속의 주인공이 병이라도 걸린 게 아닐까? 책 제목을 보니 궁금증이 생기는군.

표지를 보니 하얀색 바탕에 귀여운 캐릭터 그림이 있어 깔끔한 인상을 주는구나. 어디한번 읽어 볼까! 우와~ 그림책 보는 것 같다. 그럼, 장 자끄 상뻬라는 사람이 만화가인가? 작가가 어떤 사람인지 찾아봐야겠다. 프랑스 출신 작가구나. 소년시절 악단에서 연주하는 것을 꿈꾸며 재즈 음악가들을 그리면서 그림을 그리기 시작했다니 예술적 감각이있는 사람이었군.

무슨 내용인가 했더니 시도 때도 없이 얼굴이 새빨개져 친구들과 어울리지 못하고 외톨이가 되어 버린 아이의 이야기구나. 주인공 이름이 마르슬랭이네. 아, 또 특이한 인물이 한 명 더 있네. 어디에서고 재채기를 해대는 바람에 마찬가지로 외톨이가 된 르네 라토! 특이한 현상 때문에 따돌림을 당한 외로운 친구들이 아픔을 보듬으며 아름다운 우정을 나눈다는 이야기로군! 진정한 친구란 어떤 것인지, 어떻게 대해야 하는지 깨닫게 해주는 고마운 책이구나. 글과 그림이 적절히 어우러져 있어 책을 읽기에도 부담이 없겠다. 어디 한번 끝까지 읽어 볼까?

2) 책 읽기의 목적을 분명히 정하자!

자신이 진정으로 하고 싶은 것보다 부모의 목표와 계획 아래 무작정 따라해야 하는 일들이 더 많아진 요즘 아이들! 오랜 시간이 흘렀지만 식을 줄 모르는 교육열풍과 맞물려 우리 아이들은 목적도 없이 학교로 학원으로 매일매일 바쁘게 움직이고 있다. 안타깝게도 가족 간의 대화는 단절된 지 이미 오래이며, 학교 또한 제 역할을 다하고 있지 못한 것이 지금의 현실이다. 상황이 이렇다 보니 마음 둘 곳 없는 아이들은 자극적인 재미만 찾으려 하고 자연스럽게 어릴 때부터 자주 노출된 매체에 빠져들게 되는 것이다.

짧은 시간에 자극적인 재미를 주는 놀거리가 너무 많은 상황에서 아이들의 관심을 책 읽기로 돌리기는 쉽지 않다. 그래서 우리 아이들이 평생 책 읽기를 즐길 수 있도록 올바른 방법과 목적을 분명히 이해시켜야 한다. 책을 읽는 목적은 여러 가지가 될 수 있다. 부진했던 성적 향상을 위해, 좋은 대학을 가기 위한 필수 요건을 갖추기 위해, 좋은 인성을 형성하기 위해……. 자신이 원하는 목적을 분명히 하고 자기에게 맞는 방법을 찾아 꾸준히 노력한다면 책 읽기의 즐거움이 시작될 수 있다.

청소년기의 책 읽기는 자신이 몰랐던 세계를 간접 체험하게 할 뿐만 아니라, 사고력을 키워 학습에도 지대한 영향을 끼친다. 그러나 이 시기의 독서가 더욱 중요한 이유는 건전한 정서와 바람직한 가치관을 정립하여 인격을 형성하는 데 결정적인 역할을 하기 때문이다. 또한 다양한 관심으로 세상을 바라봄으로써 타인의 감정과 생각을 그 사람의 입장에서 이해하고 소화할 수 있는 발판을 만들어 갈 수 있다. 나아가 성인으로 성장했을 때 자기성찰의 수단이 되며, 책을 통한 정보를 이용하여 업무를 수행할 뿐만 아니라 사회생활을 역동적으로 해 나갈 수 있는 촉매 역할을 하기도 한다.[10]

자신에게 필요한 실용적인 책 읽기의 목적과 궁극적인 책 읽기의 진정한 목적을 이해하고 잊지 않는다면 평생 책 읽기를 즐길 수 있는 사람이 될 것이다.

〈원미동 사람들〉

양귀자 글 | 출판사 : 쓰다

교과서나 문제집에서 자주 보는 작가와 작품들이 있는데, 중요하기 때문에 반복되어서 지문으로 활용되는 것이겠지!

　양귀자의 〈원미동 사람들〉은 교과서에도 수록되어 있고, 국어 선생님께서도 중요한 작품이니까 시간 내서 꼭 한번 읽어 보라고 적극 추천하신 책이니 읽어 봐야겠다. 우와~ 책 두께가 장난 아닌데……. 장편이라 좀 부담스럽긴 하지만 그래도 스토리가 있고, 다양한 캐릭터들이 실감 나게 표현되어 있는 소설이니 한번 도전해 봐야겠다.

　꼼꼼하게 전체 내용을 읽다 보면 수업 시간에 이론으로만 배웠던 '연작소설'이라는 개념도 더 쉽게 이해할 수 있을 것이고, 특히 〈원미동 사람들〉은 내가 태어나기도 한참 전인 1980년대 부천시 원미구에서 벌어지는 소시민의 삶을 사실적으로 표현하고 있으니…… 그때의 모습과 가치관 등을 간접 경험할 수 있겠어! 얼마 전에 친척이 부천에 살아서 가 본 적이 있는데, 소설 속 배경과 현재의 모습이 얼마나 다른지 그것도 비교해 가면서 읽으면 더 재미있게 읽을 수 있겠다. 아차, 그리고 이 작품은 고등학교 모의고사에서도 출제되었던 소설이라고 강조하면서 대학 수능에도 나올 수 있다고 하셨던 거 같은데…….

　자, 이제 본격적으로 나도 '원미동 사람들' 속으로 슬슬 들어가 볼까?

3) 성장단계에 따른 책 읽기 수준을 이해하자!

사람마다 생김새가 다르듯이 아이들의 지적 수준도 다양하다. 그래서 본격적인 책 읽기에 앞서 자신의 인지 발달단계가 어느 수준인지 파악해 보아야 한다. 이때 가장 중요한 것이 있다. 일반적인 나이에 따른 발달단계가 아니라 자신의 발달단계에 맞는 책을 선택하여 읽어야 한다. 초, 중등 과정의 독서능력 발달단계를 참고하여 자신의 책 읽기 수준을 가늠해 보자.

① 초보단계(초등 1, 2학년) : 상상하고 생각한 것을 다양한 방법으로 표현할 수 있다.
• 책을 읽을 때 집중할 수 있다.
• 다양한 종류의 책(이야기글, 설명글)을 읽는다.
• 표지나 제목을 보고 상상해서 말할 수 있다.
• 책을 읽고 스스로 질문을 만들어 낼 수 있다.
• 그림만 나오는 책을 보면서 이야기를 말할 수 있다.
• 같은 또래가 나오는 짧은 동화를 고른다.
• 위인의 어린 시절 이야기를 읽는다.
• 주인공의 행동에 대해서 묻고 그에 대한 생각을 말한다.
• 과학 이야기를 읽고 재미있는 부분이나 새롭게 알게 된 부분을 찾을 수 있다.
• 주인공의 말이나 신체 동작을 따라한다.

② 전환단계(초등 3, 4학년) : 책을 읽으며 관련된 경험을 떠올려 내용을 이해한다.
• 스스로 책을 고르고 읽는 습관이 되어 있다.
• 읽기 전에 제목이나 표지, 목차를 보고 떠오르는 것을 말한다.
• 내용을 예측해서 그림이나 만화로 그릴 수 있다.
• 글의 내용과 자신의 경험을 연관시킨다.
• 설명글에 익숙하다.
• 또래의 글을 읽고 평가할 수 있다.

③ 적응단계(초등 5, 6학년) : 다양하면서도 비판적인 읽기 훈련이 되어 있다.

- 책 읽기의 목적을 세운다.
- 신문, 잡지, 영상 등의 매체를 활용하여 정보를 수집한다.
- 읽기 전략을 세울 수 있다.
- 책을 새로운 관점에서 바라볼 수 있다.
- 가치와 논리를 놓고 토론이 가능하다.
- 논픽션을 읽는다.
- 지식을 전달해 주는 책에 흥미를 느낀다(예술, 의학, 음악 등).

④ 독립단계(중등 1학년 이후) : 문제 해결에 필요한 책을 선택하여 정보를 수집하고 비교ㆍ평가할 수 있다.

- 책에서 얻은 정보로 창의적인 아이디어를 생산해 낼 수 있다.
- 텍스트의 구조를 파악하여 글의 서술방식을 설명할 수 있다.
- 글의 주제와 핵심 정보를 찾을 수 있다.
- 책에서 얻은 정보를 바탕으로 논리적인 표현을 할 수 있다.
- 자신이 좋아하는 저자의 책을 즐겨 읽는다.[11]

위의 독서능력 발달단계에 따른 자신의 책 읽기 수준을 찾았는가? 자신이 속한 수준의 위치가 낮다고 실망하거나 혹은 높다고 자만하고 있지 않은지 잠시 생각해 본다. 자신의 눈높이에 맞는 책을 선택하여 꾸준한 책 읽기 습관을 들인다면 단계는 자동적으로 향상될 수 있다.

〈십시일반〉

이희재, 박재동 외 글/그림 | 출판사 : 창비

얼마 전 학교에서 인권에 대해 배운 일이 있었는데, 알 것도 같으면서 또 정확히 무엇을 말하는지 모르겠던데……. 그러면서 인권에 대해 쉽게 이해할 수 있는 책이라며 선생님께서 〈불편해도 괜찮아〉와 〈십시일반〉 두 권을 소개해 주셨는데……. 이 두 권 중 어떤 것이 나에게 맞을까? 어디 보자~~ 아, 〈십시일반〉이 만화로 구성되어 있어 내 수준에 딱 맞겠다!

그런데 대충 읽어 보니 주제나 내용적 측면에서 그리 쉽게 생각할 수준은 아닌 것 같군……. 만평가로 유명한 박재동 씨를 비롯해 유명한 분들이 우리 사회 곳곳에 뿌리 박힌 차별과 편견들에 대해 통쾌하게 비판한 책이니만큼 후루룩 쉽게 쉽게 넘기지 말고 꼼꼼하게 의미를 생각하면서 읽어 봐야겠어.

우선, 〈십시일반〉 제목의 의미부터 이해해 볼까? 내가 알기로 십시일반은 '열 사람이 한 숟가락씩만 보태면 한 사람 먹을 것이 된다.'는 뜻인데……. 왜 이런 제목을 붙인 것일까? 아, 서로 힘을 합쳐 소중한 인권을 지켜 나가자는 뜻이구나! 제목의 의미도 좋고, 내 수준에도 맞고 학교 수업 내용과도 관련이 있으니 잘 읽어 두었다가 궁금한 것은 선생님께 질문도 하고 내 의견도 발표해야겠다.

한 컷의 만화로도 자신의 생각을 표현할 수 있으며 그 어떤 소설이나 영화보다도 진한 감동을 줄 수 있다는 새로운 사실을 깨달았어. 그리고 이 〈십시일반〉을 통해 우리 사회에는 아직도 수많은 차별들이 무분별하게 벌어지고 있다는 것도 알 수 있었어. 나도 나만의 이기심과 잣대로 남의 소중한 인권을 무시하고 차별한 적이 있었던 것 같아. 인권의 소중함에 대해 자세히 알 수 있었고, 나를 한번 되돌아보는 소중한 시간이었어!

4) 배경지식을 최대한 활용하여 책을 읽어 보자!

배경지식이란 어떤 글을 이해하는 데 바탕이 되는 경험과 지식의 총체를 말한다.[12] 즉, 개인의 머릿속에 저장되어 있는 여러 가지 정보를 상황에 따라 끄집어내어 사용할 수 있게 하는 지식의 저장고 같은 것이다.

사람은 낯선 글을 읽을 때 글의 의미를 이해하기 위해 이미 자신이 알고 있는 정보를 최대한 끄집어내어 새로운 정보와 통합하는 과정을 거치게 된다. 그래서 이미 알고 있는 글을 읽을 때는 쉽게 이해하고 잘 기억하지만, 낯선 글을 대했을 때는 내용을 금세 이해하는 것이 쉽지 않고 다 읽은 후에도 오래도록 기억하는 데 어려움을 겪게 되는 것이다. 다양한 책 읽기와 경험을 통해 풍부한 배경지식을 축적한 상태라면 그렇지 못한 사람보다 낯선 글을 쉽고 정확하게 이해할 수 있을 것이다.

어떻게 배경지식을 활성화시킬까?

첫째, 자신이 읽을 책의 주제나 작품, 작가 등에 대해 알고 있는 만큼 부담 없이 정리해 본다. 아이가 알고 있는 것이 많으면 많을수록 좋겠지만, 그렇지 못한 아이들이 대부분일 것이다. 이 간단한 활동을 통해 아이가 갖고 있는 배경지식의 수준을 가늠해 볼 수 있으며, 새로운 정보를 스스로 찾아보면서 관심을 유도할 수 있다.

둘째, 자신이 읽은 책의 내용과 연관성이 있는 다른 작품을 떠올려 본다. 인물의 성격이 비슷한 것도 좋고, 주제나 내용전개가 흡사한 것도 좋다. 그런 유사한 작품들을 읽은 경험이 없어 생각이 안 난다면, 자신이 읽은 책의 작가가 쓴 다른 작품도 좋고, 비슷한 제목의 책을 읽은 경험을 떠올려 보는 것도 좋다. 그런데 여기서 한 가지 궁금한 점이 있을 수 있다. 자신이 읽은 책의 내용만 정확히 이해하면 되었지 굳이 왜 다른 작품들을 떠올려 보아야 하는 것인가? 이것은 책 읽기 과정에서 반드시 해야 하는 조건은 아니지만, 자신이 가지고 있던 배경지식들을 점검해 보고 좀 더 깊이 있게 내용을 이해하는 적극적인 활동이니 해 볼 만한 가치가 있다.

한 가지 예를 들어보자. 바바라 G. 워커의 **흑설공주 이야기**를 읽었다고 하자. 이 책에 수록된 작품들은 이미 우리에게 널리 알려진 동화를 패러디하여 새롭게 쓴 이야기들이다. 우선 흑설공주 하면 제일 먼저 어렸을 때 읽었던 동화 속 주인공 백설공주가 연상될 것이고, 새엄마의 질투로 시련을 겪다 일곱 난쟁이의 도움으로 행복한 결말을 맺는 스토리가 떠오를 것이다. 그러나 흑설공주 속 새엄마는 전처의 자식을 미워하지도 않고 오히려 위험에서 구출까지 해 준다. 이처럼 책을 읽으면서 자연스럽게 두 작품 사이의 공통점과 차이점을 발견하게 되고, 생각들을 정리해 보면서 작가의 의도나 글의 내용을 더 잘 이해하게 될 것이다. 이때 서로 다른 두 작품의 공통점과 차이점을 한눈에 알아볼 수 있게 '벤다이어그램'을 그려 정리하는 것이 효과적이다. 다음 페이지에 벤다이어그램을 그려 놓았다. **흑설공주 이야기를 읽고 자신이 직접 글의 내용들을 정리해 보는 연습을 해 보자.**

셋째, 책을 읽으면서 자신의 생각이나 경험과 관련 있는 부분을 찾아 표시해 본다. 이것은 책 속에 공감할 수 있는 부분이 있다는 것을 의미하며 글과 적극적인 소통을 하는 좋은 방법이다. 이때 떠올린 것이 개인적인 일과 관련한 사소한 것일 수도 있고, 세상일과 관련한 문제일 수도 있다. 사람들은 누구나 자신과 관련한 일에는 더 관심을 갖고 집중하며 이해하는 성향이 있다. 책을 읽을 때도 마찬가지인데 자신과 관련이 많으면 많을수록 몰입할 수 있고 그래서 책의 내용을 더 쉽게 이해할 수 있게 되는 것이다.[13]

〈흑설공주 이야기1〉

바바라 G. 워커 글 | 출판사 : 뜨인돌

흑설공주 이야기   백설공주

5) 읽기능력 향상을 위해 어휘력을 기르자!

책을 읽다가 중간중간 막혀 답답함을 느낀 적이 있는가? 책을 펼쳤을 때 물 흐르듯 자연스럽게 쏙쏙 이해될 때도 있지만, 가다 막히기를 수차례 경험하여 짜증이 폭발하는 때도 종종 있을 것이다. 왜 이런 현상이 나타나는지 잠시 생각해 보자. 아마 어려운 내용의 책이거나 평소 관심이 없는 분야의 글일수록 그 현상은 두드러질 것이다. 이유는 매우 간단하다. 그것은 자신이 읽고 있었던 분야에 대한 기초 배경지식이 없을 뿐만 아니라 어휘력이 그만큼 부족하여 내용을 이해하는 데 방해가 된 것이다.

어휘는 낱말의 집합을 말하며, 어휘력은 낱말을 부리는 능력을 일컫는다. 이런 어휘력은 말하기, 듣기, 쓰기, 읽기 중 어느 영역보다도 읽기와 직접적으로 연관되며, 유능한 독자일수록 많은 어휘지식, 즉 어휘력을 가지고 있어 독해능력이 뛰어날 수밖에 없다. 작가는 독자가 글에서 의미를 파악해 낼 것이라는 기대를 하며 일련의 낱말들을 사용하여 자신의 생각을 드러낸다. 작가가 표현한 개개의 낱말을 이해하고, 각 낱말들의 관계 그리고 낱말들의 집합이 나타내는 의미를 파악하는 것이 곧 '읽기'인 것이다.[14]

그렇다면 읽기능력 향상을 위한 어휘 지도방법은 어떻게 해야 할까?

우선 글을 읽어 나가다 모르는 낱말이 나타나면 밑줄을 그어 본다. 밑줄 그은 낱말이 많으면 많을수록 자신의 어휘력은 그만큼 부족하다는 것을 인정하고, 글을 읽어 나가는 맥락 안에서 그 뜻을 헤아려 본다. 그래도 이해가 되지 않을 때가 있다. 그때는 지나치게 친절할 정도로 낱말의 뜻을 잘 정리해 놓은 전통적 방법인 '사전'을 이용하거나 자신이 쉽게 접하는 스마트폰, 인터넷 사전 등 기기를 적극 활용한다. 가장 쉬운 방법이며 누구나 알고 있는 방법이지만, 그것을 생활 속에서 실천하는 일은 그리 쉽지 않다. 어휘력을 단기간에 향상시킬 수 있는 비법은 항상 적극적으로 모르는 낱말을 찾아 사전적 의미를 이해하고 글 속에서 활용된 문맥적 의미도 이해해 보는 것이 최선이다.

이때 주의할 점이 있는데 낱말의 뜻을 사전이나 인터넷을 활용하여 찾을 경우, 낱말의 여러 가지 뜻 가운데 문장의 흐름에 맞는 것을 골라야 한다. 알맞은 뜻을 잘 골

랐는지 확인하기 위해서는, 문장 속에 낱말 대신 뜻을 넣어 보는 방법이 있다. 흐름이 통하면 그 낱말을 정확하게 이해했다고 할 수 있다.[15]

또 새롭게 익힌 낱말을 넣어 짧은 글짓기를 해 보거나 사전에 의존하지 않고 낱말의 뜻을 정의해 보는 것도 낱말의 의미를 정확히 이해하는 데 도움이 되는 좋은 방법이다.

〈중고생이 꼭 읽어야 할 한국 대표 수필 75〉

피천득 외 공저 | 출판사 : 리베르

수필 〈인연〉 중 부분 발췌

지난 사월, 춘천에 가려고 하다가 못 가고 말았다. 나는 성심여자대학에 가 보고 싶었다. 그 학교에, 어느 가을 학기, 매주 한 번씩 출강한 일이 있다. (중략)

수십 년 전, 내가 열입곱 되던 봄, 나는 처음 동경에 간 일이 있다. 어떤 분의 소개로 사회 교육가 미우라 선생 댁에 유숙을 하게 되었다. 시바꾸 시로가네에 있는 그 집에는 주인 내외와 어린 딸, 세 식구가 살고 있었다. 하녀도 서생도 없었다. (중략)

그 집 뜰에는 큰 나무들이 있었고, 일년초 꽃도 많았다. 내가 간 이튿날 아침, 아사코는 '스위트 피'를 따다가 꽃병에 담아, 내가 쓰게 될 책상 위에 놓아주었다. '스위트 피'는 아사코같이 어리고 귀여운 꽃이라고 생각하였다. (중략)

내가 두 번째 동경에 갔던 것도 4월이었다. 도쿄 역 가까운 데 여관을 정하고 즉시 미우라 선생 댁을 찾아갔다. 아사코는 어느덧 청순하고 세련되어 보이는 영양이 되어 있었다. 그 집 마당에 피어 있는 목련꽃과 같이. 그때 그는 성심여학원 영문과 3학년이었다.

• 수필 속 모르는 단어가 너무 많아……. 정리한 후 다시 읽으면서 문맥을 이해해야겠어!

*출강 : 강의를 하러 감   *유숙 : 남의 집에서 묵음

*서생 : 남의 집에서 일해 주며 공부하는 사람

*스위트 피 : 콩과의 한해살이 덩굴풀, 5월에 담홍색, 흰색, 자주색 및 얼룩점이 있는
　　　　　　나비 모양의 꽃이 피는데 향기가 있고 꼬투리는 완두와 비슷함

*영양 : 남의 집 딸에 대한 높임말

6) 글의 구조를 생각하면서 중심내용을 찾자!

모든 글에는 글을 통해 전달하고자 하는 글쓴이의 의도가 담겨 있다. 글을 잘 읽는다는 것은 글쓴이의 의도를 정확히 파악하는 것에서 시작하고, 가장 좋은 방법은 글의 '중심생각'을 찾는 것이다. 이것이 중요한 의미를 지니는 것은, 중심내용을 파악할 수 있다는 것은 곧 글을 제대로 이해했다는 것을 의미하기 때문이다. 그러나 대부분의 아이들이 중심내용을 찾아내는 것은 그리 쉬운 일이 아니다. 그러니 글을 끝까지 다 읽고 나서도 무슨 내용인지조차 모르는 일이 일어나는 것이다.[16]

중심생각을 찾는 여러 가지 방법 중에서 아이들이 쉽게 할 수 있는 방법은 글쓴이의 입장이 되어 보는 것이다. 글을 쓰는 사람은 자신이 말하고 싶은 내용을 구체적으로 드러내고 이를 뒷받침하는 문장들을 쓴다. 자신이 강하게 전달하고자 하는 내용을 글머리에 두어 초반부터 시선을 집중하게도 하고, 맨 마지막에 두어 강한 여운을 주기도 한다. 또 핵심이 되는 용어를 반복적으로 사용하여 강조하기도 한다.[17]

이때 글쓴이가 전달하려고 하는 중심내용이나 생각을 정확히 찾기 위해서는 글의 갈래에 따라 주의하면서 읽어야 한다. 이미 잘 알고 있듯이 글은 표현하는 방식에 따라 여러 종류로 나눌 수 있다. 정보를 전달하는 설명문이나 기사문, 자신의 주장을 내세우는 논설문, 경험과 느낌을 주로 표현하는 문학 작품 등 각 갈래별로 중심생각을 표현하는 방식이 다르기 때문에 글의 특성을 잘 이해하면 핵심내용을 쉽게 찾을 수 있다.

한 편의 글은 단어 → 문장 → 문단들이 모여 이루어진 결과물이다. 설명문(처음-중간-끝)과 논설문(서론-본론-결론), 시(행과 연)와 소설(발단-전개-위기-절정-결말) 등 글의 구조와 특성을 우선 이해한 후, 각 문단별로 중심내용과 뒷받침내용을 찾아본다. 이때 표지어가 되는 접속어(그리고, 그러나, 그런데, 예컨대, 이와 같이, 이처럼, 따라서, 그러므로, 즉, ~뿐만 아니라 등)나 서술어(~알아보자, ~살펴본다, ~할까? 등)를 주의 깊게 보면서 읽으면 화제를 제시하는 부분과 글쓴이가 강조하려는 문장이 무엇인지 금세 눈치챌 수 있다. 또 시에는 글쓴이의 말을 전하는 대리인인 '화자'가 있기 마련이다. 화자의 상황과 처지, 그것에 대응하는 태도 등을 찾아가며 읽으면 자연스럽게 주제를 이해할 수 있게 된다. 소설은 '서술자'를 통해 등장인물들의 행동과 생각, 심리 등을 전달한다. 인물에 집중하면서 이야기의 흐름을 따라간다면 무턱대고 읽는 것보다 훨씬 이해가 잘 될 것이다.

글의 성격과 표지어의 도움을 받아 눈으로 글을 읽어 나가고 있다면, 이젠 손을 활용해 볼 차례이다. 막연히 눈으로만 글을 읽는 것보다 글을 읽으면서 중요한 부분에 밑줄을 긋거나 자신만이 아는 기호(동그라미, 네모, 세모, 한 줄 밑줄, 두 줄 밑줄, 물결, 별표 등)나 메모를 사이사이에 표시해 두면 내용을 훨씬 잘 기억할 수 있고, 글을 읽은 후에도 한눈에 정리할 수 있어 효과적이다. 대부분의 아이들이 글을 읽는 것을 보면 그냥 무턱대고 읽는 경우가 많다. 밑줄을 긋는 행위는 글 속에서 중요한 것과 중요하지 않은 것을 구분한다는 것을 의미한다. 이때 주의할 점이 있는데 중심내용 찾기가 익숙지 않은 아이들은 거의 대부분의 문장에 줄을 그어 놓는다. 핵심 내용을 찾는 연습이 덜 되었기 때문이니 두세 차례 다른 색깔로 표시하면서 읽어 보면 보이지 않았던 더 중요한 내용들이 눈에 점차 들어올 것이다.

모든 부분에서도 그렇지만 제대로 된 읽기를 위해서도 노력이 필요하다. 시각 하나만을 이용했을 때보다 눈과 입을 통해 글을 읽고, 그 소리를 다시 자신의 귀로 들으며 중요한 것을 찾아 집중하면서 읽는 것이 더 효과적이라는 것은 두말할 필요가 없다.

〈비문학〉

1. 발해 왕조는 한국 역사상 그다지 긴 왕조는 아니다. 후삼국 시대의 후백제, 후고구려를 제외하면 가장 짧은 역사를 지닌 왕조였다. 이처럼 왕조의 시간적 범위는 짧았지만 공간적 범위로 보면 가장 넓은 영토를 지닌 왕조였다. 발해의 영토는 지금의 북한, 중국, 러시아에 걸쳐 있었다. 이와 같은 지역적 특수성으로 인해 발해사는 동아시아 각국의 이해관계와 맞물려 근래 동아시아사 역사 논쟁의 중심에 있다. 그 대표적인 사례가 중국의 '동북 공정'이다.

2. 동북 공정은 국가의 장기 통치와 오랜 안정을 위해 중국에서 진행된, 중국 동북 지역의 역사와 현황에 관한 대형 학술 사업이다. 이를 자세히 들여다보면 중국은 자신의 현재 영토 안에서 일어난 과거의 역사는 모두 중국사라는 주장을 견지하고 있다. 이를 영토론이라 하는데, 이에 따른다면 발해는 물론 부여와 고구려도 중국의 역사가 된다. 또한 중국 동북 공정의 대표 이론가들은 발해가 독립 국가가 아니었으며, 당나라의 지방 정권에 불과하다고 주장한다. 발해는 당나라에 귀부하여 조공을 했고 그 대가로 책봉을 받았는데, 이 책봉과 조공 관계가 지방 정권의 증거라는 것이다.

3. 하지만 현재의 영토가 역사 귀속의 근거가 될 수는 없다. 앞서 말했듯이 발해의 영토는 현재 북한의 대부분, 중국 동북 3성의 대부분, 러시아 연해주의 대부분을 포함하고 있었다. 이들 지역에서는 발해의 유적이 다수 발굴되었을 뿐 아니라 현재에도 계속해서 많은 유물이 출토되고 있어 고고학적 관심의 대상이 되고 있다. 이처럼 옛 발해의 영토를 근거로 볼 때, 발해의 역사를 어느 한 나라에 귀속시키기는 어렵다.

4. 또한 역사적 자료를 검토함으로써 발해가 당나라의 지방 정권이 아니라는 사실을 찾을 수 있다. 발해 유학생들이 당나라에 가서 응시한 과거 시험이 빈공과였다는 사실이 그것이다. 빈공과는 손님으로 와 있는 외국 학생들이 따로 치르는 시험이었다. 이것만 보더라도 발해인은 당나라에서 외국인으로 간주되었지 내국인은 분명 아니었다. 다른 한편으로 발해 왕을 황제로 부르거나 천손(天孫)으로 부른 사실도 사료를 통해 드러나는데, 이는 발해가 독립된 왕조이었을 뿐 아니라 당나라와 대등한 국가로서의 황제국을 지향했음을 보여 준다.

5. 중국의 역사서인 구당서에는 발해의 풍속이 고구려의 풍속과 같다는 기록이 전해지고 있는데, 이처럼 발해의 역사적 뿌리는 고구려 부흥 운동에서 찾을 수 있다. 발해의 2대 왕인 무왕은 일본에 보낸 국서에서 고구려의 옛 영토를 회복하고 부여에서 전해 내려온 풍속을 간직하고 있다고 하며 고구려 후예임을 자임하였다. 또한 발해인의 생활 문화도 발해가 고구려를 계승했음을 뚜렷하게 보여 주고 있다. 온돌 문화, 쌀농사, 장례 문화와 무덤 양식 등이 바로 그 예이다. 중국의 장안에 버금가는 수도를 가진 대제국 발해는 완벽한 국가 체제와 주권 국가로서의 확고한 정체성을 지니고 사통팔달의 교통망을 통해 세계와 교류했다. 이런 발해를 국가로 인정하지 않고 지방 정권이라고 깎아내리는 중국의 주장은 재검토되어야 한다.

자료 출처 : EBS 수능특강 국어영역 A형(2013), p. 132 비문학 지문 인용

7) 책 속 알짜배기를 찾아 요약하자!

아이들에게 책을 읽고 줄거리를 요약해 보라고 하면 금세 표정부터 굳어진다. 어떤 아이는 처음부터 끝까지 읽은 내용을 말하기도 하고, 어떤 아이는 처음이나 끝부분, 또는 중간부분 등 어느 한쪽에 치우쳐 내용을 정리하는가 하면, 심지어 줄거리 요약 자체를 두려워하는 아이도 있다. 이것은 초등학교 학생들만의 문제라고 생각하겠지만, 중·고등학생이 되어도 책의 내용을 제대로 요약하지 못하는 아이들이 의외로 많은 편이다. 단순한 줄거리조차 정리를 못하는 형편이니 느낌까지 표현하라고 하면 표정부터 굳어지는 건 당연한 일일 수밖에 없다.

'요약하기'는 글에 들어 있는 중요한 내용을 간략하게 간추리는 활동이라는 사전적 정의와 더 나아가 글에 제시된 정보와 자신의 경험을 바탕으로 글의 내용을 압축하고 주제를 찾아내는 활동이라고 정의할 수 있다. 요약을 잘하기 위해서는 글의 내용을 분석하고 종합할 줄 알아야 하며, 무엇이 중요하고 덜 중요한지 글의 중요도를 판단할 수 있는 눈이 있어야 한다. 한마디로 말해, 알짜배기를 골라낼 수 있는 능력이 있어야 한다는 말이다.

그런데 주변을 보면 의외로 요약하기를 잘 못하는 학생들이 많다. 이것은 글에 대한 이해력이 낮아 전체 내용을 파악하지 못하기 때문인데, 이야기의 핵심을 간추리는 요약하기는 책의 내용을 바르게 이해하기 위한 필수과정이며, 모든 읽기의 기본이라 반드시 꾸준한 연습이 필요하다.

그렇다면 평소에 책 읽기 습관이 잘 형성된 아이들은 어떨까?

책을 잘 읽는 아이들은 글을 읽는 동안에 정보를 더 잘 기억하기 위해서 내용을 요약하고 간추리는 점검단계를 스스로 한다.[18]

다음의 '요약하기' 규칙들을 참고하여 신경을 집중하면서 꼼꼼히 읽어 보자.

첫째, 글에서 중요하지 않은 사소한 내용은 삭제한다.

둘째, 중요한 내용이더라도 반복되는 내용은 삭제한다.

셋째, 항목의 목록들은 가능하면 상위어로 대체한다. 예를 들어 '코스모스, 국화,

백합, 수선화’ 등은 ‘꽃’이라는 어휘로 요약·정리한다.

　넷째, 행동의 하위 요소를 나열하는 대신 포괄적 행동으로 대체한다. 예를 들어 소설 속 인물이 ‘칼로 베는 듯한 느낌 때문에 걸을 때마다 힘들었다.’라고 한다면 이 것을 ‘고통스러웠다.’라고 간단히 정리한다.[19]

　다섯째, 글에 드러나 있지 않은 암시적인 내용도 파악하도록 노력한다.

　이런 규칙에 맞춰 요약하기 훈련을 꾸준히 하면 어느 순간 그렇게 길었던 글이 눈에 들어올 정도로 간추려질 것이다. 이때 앞에서 이미 익혀 두었던 글의 구조, 문단별 중심내용 등을 찾고, 세부내용들을 정리해 나간다면 요약능력을 기르는 데 도움이 될 뿐 아니라, 자기주도적 학습에도 효과적일 것이다.

〈아홉 켤레의 구두로 남은 사내〉

윤흥길 글 | 출판사 : 휴이넘

배경 : 1970년대 철거 이주민을 위한 도시로 개발된 성남

등장인물 : 권 씨, 오 선생, 권 씨 부인, 오 선생 부인, 이 순경

줄거리 : 초등학교 교사인 오 선생은 셋방을 전전하다 집 한 채를 장만한다. 그리고 문간방을 세놓는데 어렵고 서러웠던 자신들의 처지를 생각해서 간단한 조건만을 제시한다. 그러나 세들 사람은 처음부터 어긋나기 시작해서 보증금도 다 내놓지 않고 기일보다 앞서서 이사 온다는 통보를 하고, 이 순경은 특별한 부탁을 한다.

권 씨네가 이사를 오는 일요일, 너무 간단한 이삿짐에 놀라지 않을 수 없었다. 그들의 짐이라고는 이불 보따리 하나와 취사 보따리 하나가 전부였던 것이다. 세를 들어온 권기용 씨는 성남지구 택지개발이 시작될 때 내 집 마련의 꿈을 안고 철거민의 딱지를 샀다가 당국의 거듭되는 불합리한 요구에 철거민들의 권리를 찾기 위해 조직된 대책위원회의 회장을 맡아 시위 주동자로 몰려 감옥 생활을 한 전과 기록을 가진 인물이다. 왜소하고 선량한 모습에 무척 내성적인 성격의 권 씨는 그래도 대학까지 다녔다는 자존심만은 대단하여 아홉 켤레나 되는 구두를 장만하여 구두 닦기에 신경을 쓴다. 그러던 어느 날 갑자기 권 씨가 학교로 찾아와서 아내의 입원비를 부탁하고 '나'는 당장 마련할 수 없어 거절했으나 돈을 마련하여 입원 수속을 해 준다. 그 사실을 모르는 권 씨는 그날 도둑이 되어 '나'를 찾아오고 어리숙하고 순진한 도둑이 바로 권 씨임을 직감한다. 그 후 권 씨는 돌아오지 않고 '나'는 그의 행방불명 사실을 이 순경에게 전한다.

아홉 켤레의 구두가 상징하는 것은 무엇일까? (권 씨의 자존심)

주제 : 1970년대 급격한 산업화와 폭력적인 사회구조에 희생된 소시민의 소외된 삶

8) 책 속 내용에 대해 스스로 질문하고 답하자!

우선, 책을 읽어 나가면서 "이게 무엇일까?" "왜 그런 거지?" "의도가 뭘까?" 이런 질문들을 스스로에게 하는지 체크해 보자. 무엇인가를 궁금해하고 알고자 한다는 것은 지적 호기심이 충만하다는 증거이다. 이런 호기심은 강한 탐구심을 유발하는 훌륭한 촉매제와도 같다. 스스로 이런저런 질문을 하며 책을 읽으면 주도적 학습은 물론 독해력, 문제 해결능력을 향상시키는 효과가 있다. 누가 강제로 시켜서 읽는 것이 아니고 스스로 질문하고 답을 찾아가는 과정을 통해서 글에 대한 집중력이 강해져 적극적인 읽기가 가능해지기 때문이다. 이런 '자기질문 읽기 전략'은 그냥 막연하게 읽을 때보다 훨씬 더 내용을 잘 이해하고 기억 또한 오래 할 수 있어 읽기능력을 키우는 효과적인 방법이니 잘 기억하고 연습해 보자.

일단, 내용을 이해하는 데 필요한 가장 기본적인 질문을 해 본다. 이미 알고 있는 육하원칙을 이용하여 누가, 언제, 어디서, 무엇을, 왜, 어떻게 했는가에 해당하는 질문을 하고 답을 찾아볼 수 있다면 전체적인 내용을 이해하는 데 성공한 것이다. 정답은 항상 책이나 지문 속에 있으니 긴장할 필요는 없다. 꼼꼼하게 읽어 나가다 보면 쉽게 질문에 대한 답을 찾을 수 있을 것이다.

그리고 배경지식이나 제시된 정보를 바탕으로 추론하여 문제를 해결해야 하는 질문에는 앞뒤 문맥을 따라가면서 충분히 생각하면 직접 드러나지 않은 답을 찾을 수 있다. 추론은 글에 나타난 정보나 자기가 알고 있는 지식과 경험을 사용하여 글 속에 숨어 있는 사실이나 정보를 끌어내는 것이다. 글 속에 제시된 대화나 행동, 소재, 분위기 등 단서가 되는 단어나 문장들이 반드시 있으니 주의를 기울이면서 읽는다.

처음부터 너무 긴 글로 시작하지 말고 비교적 짧은 글을 읽고 질문을 만들고 점차적으로 긴 글이나 소설로 확장하는 것이 더 좋다. 이 전략이 습관이 되면 자신감과 높은 성취감을 맛볼 수 있을 것이고 당연히 읽는 것도 즐거워진다.

〈엄마의 말뚝 1〉

박완서 글 | 출판사 : 휴이넘

- 일제강점기 전후 어린 서술자 '나'는 황해도 개풍군 박적골이라는 시골에서 가난한 서울 현저동이라는 변두리 셋집으로 이사를 와 서울 살림을 시작한 엄마가 갖은 고생 끝에 집을 마련하는 과정을 이야기하고 있다. 남편도 없이 어린 자식들의 교육을 위해 홀로 노력하여 집을 마련하는데 서울에 뿌리를 내린 엄마의 집념을 '말뚝을 박았다'라고 표현하고 있다.
- 어른이 된 '나'가 어렸을 때 서울 변두리에서 있었던 일을 이야기하고 있는데, 대부분의 장면에서 어린 '나'의 눈을 통해 이야기를 전달하는 이유는 무엇일까? (이 이야기는 이제 막 시골을 벗어나 도회지로 나가려는 어린 '나'의 두렵고 호기심 어린 마음을 주로 표현하고 있으니 그런 마음을 생동감 있게 전달하려고 그랬을 것이다.)
- '나'에 대해 어머니는 어떤 마음을 가졌는가? (당시에는 대부분 여자아이들은 집안일을 배우거나 시집을 가서 살면 된다고 생각했는데, 어머니는 '나'가 도회지에서 교육을 받아 신여성이 되기를 바라고 있었다.)
- 그럼, 어머니는 '나'가 왜 신여성이 되기를 바라셨을까? (아마도 서양식 근대화와 함께 생겨난 신여성들이 사회 속에서 자신의 재능을 인정받으며 사는 모습이 부러웠을 것이다. 그래서 자신의 꿈을 딸을 통해 이루고 싶었던 것 같다.)
- 소설 첫 장면을 보면 할머니와 어머니와 나, 3명의 여성이 나란히 손을 잡고 걷는 장면으로 시작하는데 의미가 무엇일까? (할머니와 어머니, 나는 각각 세대를 대표하는 여성들이라 할 수 있을 것 같다. 전통적인 가치를 가지고 순종하면서 살아가는 할머니 세대, 전통과 새로운 문화 사이에서 고민하는 과도기적인 어머니 세대, 새로운 시대를 살아갈 신세대를 의미한다.)

9) KWL 전략을 활용하자!

구렁이 담 넘어가듯 책을 술술 잘 읽는 아이와 가다 막히기를 반복하는 미숙한 아이의 차이는 분명하게 나타난다. 이런 현상은 낯선 글을 제시했을 때 더욱 두드러지게 나타나는데 한 가지 예를 들어 보자. 설명글과 소설을 제시했을 때, 이 두 글은 성격과 형식이 다르기 때문에 글의 종류에 따라 읽기 방법이 달라져야 한다. 그런데 책 읽기를 잘하는 아이는 두 글의 차이를 인식하고 글의 성격에 맞춰 읽어 나가는 반면에 미숙한 아이는 두 글에 별다른 차이를 느끼지 못하고 무턱대고 글을 읽는다. 정보를 전달하는 데 목적이 있는 글과 감동과 흥미를 전달하는 데 목적이 있는 글은 그 차이가 분명하다. 글의 갈래가 그리 중요하지 않다고 생각할 수도 있지만, 목적이 다른 이상 글의 특성에 맞는 방법을 염두하면서 읽어야 제대로 된 이해를 할 수 있다.

책 읽기를 잘하는 아이는 더욱 효과적으로, 그렇지 못한 아이는 더 잘 이해할 수 있도록 도와줄 필요가 있는데, 이때 사용할 수 있는 읽기 방법이 'KWL 전략'이다.

KWL은 읽을 책에 대한 배경지식을 활성화시켜 독서과정과 연결하고, 독해력을 향상시키기 위해 고안된 전략이다. 이 전략은 책을 읽기 전에 읽는 목적을 설정하고, 책을 읽으며 원하는 정보를 찾아내고, 읽은 후에 새로 알게 된 것을 정리한다.

- what I Know — 알고 있는 것
- what I Want to know — 알고 싶은 것
- what I Learned — 자료를 통해 배우게 된 것

책을 읽기 전 활동으로 K칸에 책의 제목이나 차례, 삽화 등을 살펴보고 자신이 이미 '알고 있는 것'을 차례대로 정리한다. 자신이 읽을 책의 작가가 쓴 다른 작품들을 알고 있거나 책의 내용과 관련한 정보가 있다면 이것들을 쓰면 된다. 이 활동은 기존에 자신이 가지고 있었던 지식을 떠올리게 하여 배경지식을 활성화하는 것으로, 단순한 활동처럼 보이지만 책 읽기에서 동기를 부여하거나 내용을 이해하는 데 매

우 중요한 기반이 된다. 왜냐하면 배경지식은 연관되는 새로운 지식에 대해 알고자 하는 욕구를 불러일으키는 동시에 새로운 지식을 받아들이는 데 바탕이 되기 때문이다.

배경지식을 활성화했다면, 다음 활동인 책을 읽으며 알고 싶은 것을 W칸에 정리한다. 알고 싶은 것이 무엇인가에 따라 책 읽기 방향이 정해지므로 이 활동은 독서의 목적을 설정하는 단계라 할 수 있다. 자신이 설정한 질문이나 알고 싶어 하는 내용을 쓴 다음에는 그것이 중요한지 덜 중요한지를 따져 보는 시간을 갖는 것이 좋다. 정리가 다 되었다면, 이제 본격적으로 책 읽기를 시작해 본다. W칸에 정리한 내용들을 생각하면서 질문에 대한 답을 책을 읽어 나가면서 찾는 데 집중하면 된다. 자신이 알고 싶은 것이 명확하기 때문에 책을 읽는 도중 흐름을 놓치지 않을 수 있고 내용을 기억하는 데 많은 도움이 된다. 이때 책을 읽으며 간단한 메모를 하거나 중요한 부분에 밑줄을 그으면 생각을 집중할 수 있어 더 효과적이다.

책을 다 읽고 난 뒤 활동으로 L칸에 '자료를 통해 배우게 된 것'들을 정리한다. 자신의 생각과 달랐던 점이나 읽기 전에 알고 있던 지식 중 수정된 것들을 쓰면 된다. 각 단계에서 나온 정보들은 아이 스스로 자료를 읽으면서 보다 조직적인 정보처리 능력을 배우게 되고, 배경지식을 강화하게 된다. 그리고 이런 연습을 통해 스스로 배경지식을 활성화시키며 읽는 방법을 터득하게 된다.

KWL 전략은 한두 번의 연습으로 충분히 익히기 어렵기 때문에 이런 과정을 즐거워하지 않고 귀찮은 활동으로만 여길 수도 있다. 그러나 책을 읽기 전에 '내가 알고 있는 것이 무엇인지, 내가 원하는 것이 무엇인지, 그 답을 어떻게 찾을 것인지'를 미리 계획하고 읽는 것은 지식을 체계적으로 정리할 수 있을 뿐만 아니라 글을 읽는 목적을 확실하게 하기 때문에 그만큼 큰 효과를 볼 수 있다.[20]

세상에는 공짜로 쉽게 얻어지는 것은 없다. 이 논리는 책 읽기에도 적용되는데, 귀찮음을 잠시 뒤로 하고 효과적인 책 읽기를 위해 도전해 보는 것이 어떨까?

〈한 푼도 못 되는 그놈의 양반 ― 양반전〉

원작 박지원/김수업 글 | 출판사 : 나라말

K 알고 있는 것	W 알고 싶은 것	L 배우게 된 것
• 박지원은 북학파 학자이다. • 호질, 허생전 등 다른 작품이 있다.	• '양반'이란 말의 유래는 무엇일까? • 왜 한 푼도 못 된다고 했을까? • 이 소설을 통해 작가가 말하고자 하는 것이 무엇일까?	• 무관은 벼슬에 따라 서쪽에 서서 서반, 문관은 동쪽에 서서 동반 → 양반 • 양반으로서 제대로 된 값어치를 못했기 때문이다. • 조선 후기 서민의 눈에 비친 양반들의 모습을 비판하고자 하였다. • 사람은 자신의 위치에서 제 역할을 해야 한다는 것을 깨달았다.

해결하지 못한 문제 : 북학파 학자란 무엇인가? ➡ 다른 자료 찾아보기

10) 이것저것 따져 보는 비판적 읽기를 하자!

친구와 함께 영화를 보러 간 적이 있는가? 같은 영화를 보아도 친구와 의견이 엇갈릴 때가 종종 있다. 나는 무척 재미있게 보았는데 친구는 시큰둥하기만 하다. 왜 이런 일이 생기는 것일까? 사람마다 보는 관점이 다르기 때문에 받아들이는 느낌도 다르게 나타나는 것이다. 책 읽기 또한 마찬가지이다. 작품을 어떤 관점에서 바라보느냐에 따라 얼마든지 새롭게 해석할 수 있고, 감동도 다르다. 이것저것 따지며 읽는 것이 골치 아픈 일일 수도 있지만 하나하나 짚어 가며 비판적 읽기를 하면 다른 맥락에서 작품을 새롭게 분석하므로 색다른 재미와 심도 깊은 이해를 할 수 있어 좋다.

'비판적 사고'란 비판적으로 읽고 듣기 위해 합리적으로 분석하고 판단하는 사고 기능 및 사고 성향을 말한다. 이러한 성향으로 책을 읽을 때 글의 내용을 분석하고 해석하여 평가하며 반응하는 능동적인 읽기를 하게 되는데, 이것이 '비판적 읽기'이다. 비판적 읽기는 글쓴이의 생각이나 의도를 파악하는 데 초점을 둔 저자 중심의 읽기와 달리, 글을 매개로 하여 글쓴이와 상호작용하는 독자 중심의 책 읽기이다.

비판적 읽기는 어떻게 해야 하는가? 우선 비판적인 사고를 할 줄 알아야 한다. 비판적 사고를 위해서는 문제에 관련된 정보를 찾고 이를 논리적으로 연결하여 창의적으로 응용하는 능력이 요구된다. 비판적 읽기를 하기 위하여 기본적으로 점검해야 할 것은 글의 내용에 오류가 없는지(정확성), 주장에 대한 근거가 타당한지(타당성), 저자나 인용 출처 등을 파악하여 믿을 수 있는지(신뢰성)를 판단하는 것이다.

비판적 읽기능력을 향상하기 위한 방법은 무엇이 있을까? 객관적 사실과 주관적 의견 구분하기, 현실과 허구 구분하기, 글 속에서 말하고자 하는 주장과 그에 대한 근거 파악하기, 질문하기, 글쓴이가 글을 쓴 목적이나 관점 파악하기, 숨겨진 의미 파악하기 등의 방법들을 활용할 수 있다.[21]

작품 하나를 이리저리 재 보고 쪼개 보고 따져 가며 읽는 과정은 작품을 속속들이 알 수 있게 하는 흥미로운 활동이다. 비판적 읽기는 정답을 요구하는 결과의 과정이 아니라 사고의 과정이다. 다양한 상황과 사회·문화적 맥락에서 새롭게 접근해 보는 활동을 통해 창의적 생각을 생산해 낼 수 있다.

〈어두운 눈을 뜨니 온 세상이 장관이라 — 심청전〉

정출헌 글 | 출판사 : 나라말

판소리계 소설의 특징

서민들이 즐기던 판소리는 구비전승되다 나중에 소설로 기록되었다. 서민들의 솔직한 정서와 풍자가 담겨 있고 해학적 요소가 있다. 판소리계 소설로는 춘향전, 심청전, 토끼전, 흥부전 등이 있다.

비판적 읽기

심청이는 눈 먼 아버지를 위해 공양미 300석에 자신의 소중한 목숨을 팔았다. 흔히 사람들은 이런 행동을 '효'라고 칭찬한다. 이때 잠시 생각을 달리 해보자.

심청이 아버지의 마음은 어떠했을까 생각해 본다면, 심청이의 효가 진정한 효일지는 의문이 든다. 나는 심청이가 진정한 효녀가 아니라고 느꼈다. 아버지를 생각하는 마음은 그 누구보다 깊었지만 자기의 목숨을 그렇게 쉽게 버리는 것은 자식된 도리가 아니다. 어떤 부모도 자신이 눈을 뜨기 위해 사랑하는 자식이 죽는 것은 원하지 않기 때문이다. 심청이의 죽음은 오히려 아버지를 더욱 외롭게 만드는 일이 될 것이다. 눈에 넣어도 안 아플 딸을 가슴에 묻고 어떻게 평생을 살아갈 수 있을까? 그렇게 하여 눈을 뜬들 이 세상이 결코 아름답지도 행복하지도 않을 것이다. 부인도 없고, 사랑하는 딸도 없이 이 세상에 홀로 남겨진 아버지의 입장을 한 번만 더 생각했더라면 심청이는 그런 경솔한 행동을 하지 말았어야 한다. 모두가 효녀로 알고 있는 심청이는 진짜 효녀가 아니라 부모의 마음을 헤아리지 못한 불효녀였고, 대책 없이 아무 의심 없이 공양미 300석을 덜컥 시주하겠다고 약속한 아버지의 행동도 한 가족을 책임지는 가장의 역할을 못한 것 같아 아쉬운 마음이 든다.

11) 초인지를 활용하자!

자신의 책 읽는 모습을 잠시 체크해 보자.

- 책을 억지로 읽거나 대충 읽는가? ( )
- 책을 왜 읽어야 하는지 어떻게 읽어야 하는지 알지 못하는가? ( )
- 자신이 책을 잘 읽었는지 잘못 읽었는지 모르는가? ( )
- 어려운 낱말을 만났을 때 어떻게 해야 할지 모르는가? ( )

위의 질문에서 두 가지 이상에 해당한다면, 읽기에 있어서 '초인지 능력'이 부족하다고 할 수 있다.

'초인지(meta-cognition)'는 자신의 인지상태를 아는 것이다. 즉, 내가 무엇을 알고 있고, 어떤 부분은 모르고 있는지, 모르는 부분을 알기 위해서 어떻게 해야 하는지 등 인지와 사고과정을 통제할 수 있는 지식 및 인식을 일컫는 전문 용어이다. 다시 말해 초인지는 자신의 인지과정, 인지상태, 사고과정 등을 통제하고 점검할 수 있는 능력이다.

초인지를 읽기과정에 적용하여 보자. 책을 읽어 나가다 내용이 어려우면 천천히 읽거나, 읽었던 부분을 다시 읽어 본다. 또 밑줄을 긋거나 모르는 부분은 메모를 하면서 읽어 나간다. 이런 행동은 자신의 독해 수준에 맞는 방법을 스스로 활용하면서 읽는 것을 의미한다. 그리고 모르는 것은 다른 자료를 통해 제대로 이해한 다음 읽기를 계속 진행한다. 이 경우 자신의 독해능력에 대해 제대로 알고, 스스로 읽기과정을 조절할 줄 아는 초인지 능력이 훌륭하다고 할 수 있다.

반면에 어려운 내용의 책도 만화책 보듯 훑어보고, 모르는 단어가 나와도 찾아보거나 문맥을 고려하지 않고 그냥 건너뛰며 읽고 있지 않은지 자신을 관찰해 보자. 이런 행동은 초인지 능력이 부족하여 문제 상황에 대해 스스로 해결하는 방법을 조절할 줄 모르기 때문에 발생한다.

책 읽기를 잘하는 사람은 읽기의 목적이 학습을 위한 것인지 오락을 위한 것인지를 잘 인식하고, 주어진 자료를 읽기 전에 자기질문 과정 등을 통하여 책을 읽으면서 얻고자 하는 것이 무엇인지를 알고 있다. 그뿐 아니라 읽기과정에서 자신이 제대로 이해하고 있는지 의식적으로 확인해서 독해 전략을 수정하기도 한다. 필요한 배경지식이 부족하다고 판단되면 천천히 여러 번 읽거나 다른 정보를 참고하여 문제를 해결하고 글의 종류에 따라 읽기방법을 달리 해야 한다는 것도 잘 안다. 그러나 초인지 능력이 부족하면 이처럼 읽기과정에서 조정하는 능력이 부족하기 때문에 책을 다 읽고 나서도 무슨 내용인지 모르거나, 그 의미를 제대로 파악하지 못하는 것이다.

초인지 능력을 어떻게 키울 수 있을까?

책을 읽기 전에 반드시 책을 통해 얻고자 하는 것이 무엇인지를 생각해 본다. 책 읽기의 목적이 분명할 때 책을 제대로 읽었는지, 그렇지 않은지 판단할 수 있는 기준을 잡을 수 있다.

책을 읽는 중에는 책의 내용을 이해하기 위해 적극적인 활동을 하도록 한다. 책을 읽는 도중에 앞의 내용과 일치하지 않으면 의문을 제기하고 다시 돌아가 읽어 보고 생각해 보는 일, 잘 이해가 가지 않으면 읽기 속도를 줄이고 천천히 음미하는 일, 어려운 어휘가 있으면 사전이나 기타 자료를 참고하는 일 등이 읽기과정에서 적극적으로 이루어져야 할 것이다.

책을 다 읽은 후에는 읽기의 모든 과정을 평가·정리하는 활동을 하면서 읽는다. 평가는 책을 읽기 전에 세운 목적을 달성했는지, 읽기의 목적을 제대로 이루지 못했다면 그 까닭은 무엇인지 살펴본다. 읽기과정에서 적절한 전략을 활용하지 못했다면 다른 효과적인 전략으로 조절하고 배경지식이 부족해서 읽기에 실패했다면 배경지식을 더 쌓도록 한다. 이처럼 읽기 전, 읽기 중, 읽기 후 과정에서 끊임없이 자신의 독해과정을 살피고 이를 조절하며 점검하는 것이 초인지를 키우는 방법이다.

초인지에서 가장 중요한 것은 자신의 현재 수준을 점검하는 능력이다. 다음 일곱 가지를 생각하며 책을 읽으면 더욱 효과적인 책 읽기가 될 수 있다.

〈초인지 전략의 활용〉

- 읽기의 목적 확인 — 읽기의 과제가 무엇을 요구하는지 파악하기
- 어떤 내용들이 중요한지를 확인하기
- 중요한 내용에 관심을 집중하여 주의를 기울이기
- 이해하고 있는지를 판단하기 위해 독서과정을 모니터링하기
- 되돌아보고 자문하며 목표가 달성되고 있는지 판단하기
- 이해되지 않을 때 독서 행동을 수정하기
- 의식적이고 계획적인 독서가 이루어지도록 하기[22]

〈과학 교과서, 영화에 딴지 걸다〉

이재진 글 | 출판사 : 푸른숲

과학 교과서, 영화에 딴지를 걸다? 책 제목을 보니 영화 속 숨은 과학적 정보를 알려 주려는 책인 것 같은데……. 한 편의 영화를 똑같은 시선으로 바라보는 것이 아니라, 다양한 시선으로 바라볼 수 있다는 것을 전달하고 싶었다고 저자가 말하고 있군! 우리가 흥미롭게만 보아 왔던 영화 속의 비과학적인 내용들을 속속 파헤쳐 보면서, 제대로 된 과학적 정보를 얻을 수 있으니 도움이 많이 될 거 같다.

내가 관심 있는 유전자조작과 관련한 〈스파이더맨〉이라는 영화에 대한 것도 있네. 마침 영화도 시리즈로 다 보았으니, 책 내용을 이해하는 데 큰 무리가 없겠어. 아무 장비 없이 건물 벽을 맨손으로 기어오르고, 팔목에서 강력한 거미줄이 튀어나와 어디든지 매달려 갈 수 있다는 설정이 흥미로웠는데, 사람이 진짜로는 거미의 능력을 가질 수 없다는데……. 왜 그런지 자세히 읽어 봐야겠다!

그런데 본격적으로 과학적 정보가 설명되는 부분에서는 내용이 어려워지는구나. 집중해서 꼼꼼하게 읽어야겠어! 아, 유전자조작을 한 식품은 위험성도 많아 환경보호단체나 소비자들의 항의도 있다는 사실을 처음 알았네! 어떤 문제점들이 있기에 항의를 하는 걸까? 더 자세히 읽어 봐야겠다. 유전자조작은 알레르기나 독성, 면역 체계 약화, 생태계 교란 및 생물들의 다양성이 파괴되는 위험들이 따를 수도 있구나……. 그리고 아직 검증되지 않은 위험 요소들도 많다고 하는군……. 나는 생산량 확대와 같은 유전자의 긍정적인 면만 생각했었는데, 책을 읽고 부정적인 면도 많다는 것을 새롭게 알게 되어 뿌듯한데! 결국 유전자가 조작된 슈퍼 거미한데 물려서 거미의 능력을 가지게 된 스파이더맨 이야기는 현재로서는 가능하지 않은 일이었어…….

밸크로 현상? 책을 읽다 보니 이런 말이 많이 나오는데……. 이 현상이 뭐지? 좀 더 읽어 봐야겠다. 아! 거미가 미끄러지지 않고 매달려 있도록 하는 거구나. 내가 알고 있는 찍찍이랑 같은 거네……. 어렵고 지루하게 생각했던 과학을 영화와 연결 짓고 친근한 말투로 옆에서 말하듯이 설명하고 있어 재미는 물론 유익한 정보도 얻은 것 같아 흐뭇하다!!!

12) 책을 읽고 다양한 독후활동을 하자!

읽기 전략의 꽃이라 할 수 있는 마지막 단계가 과연 무엇일까? 이미 눈치챘듯이 책을 읽고 책에 대한 정보를 얼마나 이해했는지, 또 어떤 느낌과 깨달음을 얻었는지 스스로 검토해 보는 시간을 갖는 것이다. 흔히 '독후활동'이라고 하는 것으로 자신의 취향에 맞게 다양한 형식으로 독후활동을 하는 습관을 가지는 것이 좋다. 왜냐하면 책에 대한 내용들을 스스로 되돌아보고 생각을 정리해 봄으로써 글 쓰는 능력은 물론 논리적 사고력까지 길러 줄 수 있기 때문이다.

하지만 막상 독후활동을 하려고 하면 부담이 되는 것은 사실이다. 무엇을 써야 하는지, 또 어떻게 표현해야 할지 막막하고 가슴만 답답해 온다. 이런 부담감은 독서감상문을 항상 학교 제출용 숙제로만 써 왔기 때문인데, 그날그날의 느낌을 간단히 메모하듯 독서감상도 그렇게 부담 없이 쓰면 된다는 생각을 먼저 스스로 가져야 한다. 그래야 거부감도 덜 느끼고 자연스러운 느낌이나 생각을 정리할 수 있다. 자신이 쓴 감상문과 다른 사람이 쓴 감상문을 나누어 보면서 다른 이의 생각을 알 수 있고, 이러한 교감을 통해 미처 자신이 생각하지 못한 부분들도 이해하게 되어 사고의 폭을 넓힐 수 있는 것이다. 한마디로 독후활동은 힘들고 귀찮은 일이긴 하지만, 훗날 두고두고 생각할 수 있는 좋은 추억거리가 될 수 있는 뜻깊은 일이기도 하다.

그럼, 어떤 방법으로 독후활동들을 할까?

우선 자신이 흥미를 느낄 수 있는 재미있는 방법들부터 시작해 보자! 항상 전통적인 독서감상문만을 먼저 떠올렸기 때문에 한숨부터 나왔을 것이다. 예를 들면, 책내용 중 가장 인상 깊은 장면을 그림으로 그린 다음 간단한 느낌을 적어 보거나 스토리를 만화 형식으로 그리는 것도 좋다. 이때 되도록이면 말주머니나 생각주머니를 사용해 본다. 훨씬 풍부한 느낌이나 생각을 전달할 수 있어 효과적이다. 또 인터넷에 올라온 글에 댓글을 단다는 기분으로 느낌을 정리해 보자. 작가는 책 속의 글을 통해 자신의 생각과 느낌을 전달하려고 노력한다. 작가와 얘기하듯이 좋았던 점이나 의도, 인물에 대한 평가, 아쉬웠던 점들에 대해 자연스럽게 댓글 달 듯 쓰다 보면 큰 부담 없이 자연스러운 느낌과 생각을 표현할 수 있을 것이다. 또 마인드맵으로 책의 내용과 자신의 생각을 시각화할 수 있고, 느낌을 짧은 시로도 표현할 수 있으며, 책의 내용을 바탕으로 한 퀴즈를 만들어 보는 것도 좋다. 좀 더 수준을 높여 인물의 행동이나 작가의 의도에 대해 비판해 보는 것도 좋다.

혹시 이런 활동들이 초등학생들이나 하는 유치한 것이라고 지금 생각하고 있지 않은가? 독후활동에는 '절대적 규칙'이라는 것이 정해지지 않았으니 책을 읽은 후 자신이 좋아하는 방법을 선택해 부담 없이 기록해 보는 습관을 가져 본다면 좀 더 고차원적인 독서감상문에도 도전할 자신감이 생길 것이다.

창의적 책 읽기 실전 사례

〈착한 고양이 알퐁소〉

마르셀 에메 글 | 출판사 : 작가정신

학생 글

프랑스의 '국민작가'라는 칭송을 받는 마르셀 에메! 그런데 나에겐 이름도 생소한 작가였다. 처음에 이 책을 접했을 때 솔직히 유치하다는 생각이 들었다. 겉표지에 그려진 만화 캐릭터 같은 고양이 그림과 알록달록한 커버가 강렬했기 때문인 듯하다. 하지만 이야기들을 하나하나 읽어 나가는 동안 유치함은 사라지고 묵직한 감동과 유쾌함이 남았다. 기존의 우화가 가지는 뻔한 교훈 대신 유쾌하게 세상을 풍자하는 날카로움이 있었다. 꽤 오래전에 발표된 책이지만, 요즘 우리 삶과도 잘 맞아떨어져 낯설다는 느낌이 전혀 들지 않았다. '네 살부터 일흔다섯 살까지를 위한 동화'라는 말이 어울릴 정도로 세대를 아우르는 묘한 매력이 있는 책이었다. 모든 이야기가 내 마음에 와 닿았지만 가장 인상 깊었던 이야기는 '공작이 되고 싶은 돼지의 다이어트'와 '늑대도 늑대가 아니고 싶을 때가 있다'이다.

'공작이 되고 싶은 돼지의 다이어트'의 내용은 제목 그대로이다. 돼지를 비롯한 농장의 동물들이 아름다운 공작을 보고 모든 행동과 식습관을 무리하게 따라한다는 내용이다. 사과씨 한 알과 맑은 물 한 모금으로 농장 동물들은 다이어트에 돌입하지만, 모두 포기하고 돼지만 끝까지 열심이다. 그러나 너무 집착한 나머지 헛것이 보이고 돼지는 점점 미쳐 간다는 슬프면서도 웃긴 이야기이다.

왜 이 이야기가 낯설지 않았을까? 외모가 최고의 가치가 되어 버린 지금, 우리의 한 단면을 그대로 드러낸 것 같아 마음이 불편했다. 무리한 다이어트 때문에 거식증에 걸렸다는 사람, 더욱더 아름다워지거나 잘생겨지기 위해 성형을 시도했다 실패한 사례 모두 외모지상주의가 낳은 폐해이다. 다이어트나 성형에 성공하면 솔직히 예뻐지기는 한다. 하지만 성형을 해서 예뻐진 얼굴은 그냥 예쁜 인형 같다. 사람들은 누구나 각자의 매력이 있고 개성이 있다. 공장에서 찍은 듯 개성 없는 얼굴과 몸매보다 부족하지만 자신을 사랑하는 마음이 더 소중하다고 생각한다. 책 속의 주인공 돼지도 공작새가 되고 싶어 무리하게 다이어트한 결과 돼지의 매력인 분홍색 탱탱한 피부와 건강한 다리를 잃고 쭈글쭈글 늘어난 피부와 후들후들 젓가락 다리만 남았다. 돼지는 돼지일 때 가장 멋지고, 나는 '나'일 때 가장 멋지다. 각자의 개성이 무시되고 획일화된 얼굴을 좋아하는 외모지상주의. 우리 모두 사고의 전환이 필요한 때이다.

또 인상 깊은 이야기는 '늑대도 늑대가 아니고 싶을 때가 있다'이다. 늑대는 사람들이 항상 늑대가 어린아이들을 잡아먹는다는 편견을 가져 힘들었다. 하지만 늑대는 오히려 어린아이들과 같이 놀고 싶었다. 이 이야기를 읽고 딱 나의 이야기라는 생각이 들었다. 나는 어렸을 때부터 오랜 기간 운동을 하다가 그만둔 지 얼마 되지 않았다. 주변에서 운동만 하던 애라 공부는 못할 거라는 편견으로 나를 바라보았다. 나는 그런 편견을 없애고 싶었다. 그래서 운동선수도 공부를 잘할 수 있다는 것을 보여 주기 위해 남들보다 더욱더 열심히 공부하고 노력했다. 결국 나는 공부도 잘하고 운동도 잘하는 두 마리 토끼를 잡을 수 있었다. 편견은 편견일 뿐이다.

아래의 문항을 읽고 자신과 일치하는 곳에 표시해 보세요.

독서능력 검사표				
질문 내용	전혀 그렇지 않다	보통 이다	대체로 그렇다	매우 그렇다
자기 학년 수준의 책을 읽을 수 있다.				
이야기글과 정보글을 골고루 읽는다.				
읽으려고 하는 책에 관한 배경지식이 많다.				
자기 학년 수준의 책을 정확한 발음으로 소리 내어 읽을 수 있다.				
소리 내어 읽을 때 속도가 느리거나 더듬거리지 않는다.				
책을 읽은 후 내용을 순서대로 떠올리며 말할 수 있다.				
책을 읽고 글의 구조를 파악할 수 있다.				
내용에 대해 물었을 때 책에 답이 있는 내용인지를 파악하여 대답할 수 있다.				
책을 읽고 나서 문맥을 추론하고 해설할 수 있다.				
책에 나온 핵심 낱말들의 뜻을 정확하게 말할 수 있다.				
읽은 내용을 바탕으로 근거를 세워 나의 생각을 논리적으로 말할 수 있다.				
책에서 알게 된 내용을 다른 상황에 적용할 수 있다.				
책에서 전하려는 지은이의 의도나 주제를 설명할 수 있다.				
책을 읽고 문제점을 찾아 비판할 수 있다.				
읽은 내용을 말이나 글을 통해 다른 사람에게 효과적으로 전달할 수 있다.				
총점				

1점 : 전혀 그렇지 않다   2점 : 보통이다   3점 : 대체로 그렇다   4점 : 매우 그렇다

〈채점 및 검사 결과〉

60분의 취득한 점수×100

검사 결과

위에 제시한 문항은 자신의 독서능력을 알아보기 위한 간이 검사표이다. 독서능력이 높다고 말하려면, 크게 두 가지 실력을 갖추고 있어야 한다. 먼저 책을 읽은 후 내용을 제대로 이해해야하고, 그것을 말로 정리하여 전달할 수 있어야 한다. 다음으로는 읽은 내용에 대해 해석하고 비판하며 적용할 수 있어야 한다.

채점 결과 70% 이상에 해당된다면 독서능력이 높다고 볼 수 있다. 따라서 점차 난이도가 높은 책을 꾸준히 읽으면서 독서 수준을 높여야 한다. 50% 이상이라면 자유로운 책 읽기는 어려울 수 있다. 지금이라도 차근차근 책 읽는 방법을 배워 유능한 독자가 되도록 훈련을 하기 바란다. 마지막으로 50% 이하는 독서능력이 현저히 떨어진다고 볼 수 있다. 무리하게 학년에 맞는 책을 선택하기보다 자신의 수준에 맞는 쉬운 책부터 읽으면서 조금씩 수준을 올리거나 선생님께 특별 독서 지도를 받아 보는 것을 권유한다.

자료 출처 : 독서능력 검사표 및 검사 결과, 임성미(2012), 중학생의 책 읽기에서 인용

3 책 속에서 꿈을 만나다

어렸을 때는 세상의 모든 꿈을 꾸면서 살았던 것 같은데, 한 살 한 살 나이를 먹어 가면서 우리 청소년들은 점점 현실적인 꿈을 꾸게 되고, 그러면서 자연스럽게 '꿈'을 잃어 가고 있는 것 같아 안타까운 마음이 들 때가 많다. 누구에게나 꿈은 있어야한다. 왜냐하면 가슴속에 꿈을 항상 지니고 있는 사람은 자신의 인생을 긍정적이고 활기차게 살아가는 원동력을 만들 수 있기 때문이다. 하지만 꿈이 없는 사람은 망망대해를 표류하는 것처럼 하루하루를 목표 없이 허비하다 소중한 순간을 놓쳐 버리고 나중에 후회하게 될 일을 만든다.

통계청과 여성가족부가 발표한 '2013 청소년 통계'에 따르면 청소년들이 가장 고민하는 문제가 '공부'(32.9%)와 '직업'(25.7%)이었다. 이는 10년 전과 비교해 보면 직업에 대한 고민이 18.8%나 증가했음을 알 수 있다. 특히 어떤 직업을 선택해야 하는지가 고민이라고 답한 학생이 많았다.[23] 우리 청소년들이 진로와 직업에 대해 많이 고민하고 있다는 것은 반가운 현실이나, 자신의 꿈과 끼를 고려한 진로를 선택하는 것이 아니라 부모가 희망하는 안정적인 직업을 장래희망으로 착각하는 학생들이 많은 것 또한 현실이다. 물론 "너의 꿈이 뭐니?"라고 물었을 때 "저는 꿈이 없어요."라는 대답이 돌아오기 일쑤인 요즘, 한 가닥 꿈이라도 꾸고 있다는 것을 다행이라고 생각해야 하는 것일까?

그래서 우리 청소년들의 꿈과 끼를 고려한 제대로 된 '꿈'을 심어 주기 위해 정부도 적극적인 지원을 하고 있고, 학교 현장에서도 진로교육에 관심을 쏟고 있다. 먼저, 진로교육의 사전적 의미를 살펴보면 다음과 같다. 진로교육이란 학생 개개인이 자신의 인생활동의 한 방향으로 직업 및 그를 위한 준비로써 적절한 교육기관을 선택하고, 그곳을 통해 사회적 자기실현을 수행해 나갈 수 있도록 원조 및 지도하는 일이다.[24]

그동안 학력 위주의 서열 구조가 두드러진 우리나라 현실에서 진정한 진로교육은

등한시되어 왔던 것이 사실이다. 하지만 최근 창의성이 기반이 되는 사회적 환경으로 변화하면서 학력이 최우선이 아닌 개개인의 '끼'가 중요한 화두로 자리 잡으면서 새롭게 진로교육에 대한 관심도 높아지고 있다.

꿈이 없는 아이는 앞으로 나아갈 수 없다. 나아갈 목표가 없기 때문일 것이다. 그만큼 진로는 아이에게 꿈을 찾아가는 중요한 문제이다. 그렇다면 아이 스스로 어떻게 수많은 직업들 중 자신에게 맞는 진로를 찾아갈 수 있을까? "책 속에 길이 있다."라는 그 유명한 명언이 수많은 답 중 하나가 될 수 있을 거라 생각한다. 책 속에는 이미 성공한 선배들의 다양한 경험담이 있으며 실패한 인생들의 쓰디쓴 아픔도 있다. 그만큼 세상 모든 진리가 담겨 있는 것이 '책'이라는 말이다. 책 속의 다양한 인물들을 통해 바른 인성도 배울 수 있고, 우리 청소년들이 미래의 꿈도 발견할 수 있도록 도움을 주는 것이 바로 '진로독서'이다.

진로독서란 꿈과 진로를 고민하는 학생들에게 새로운 진로 길잡이가 될 수 있도록 도움을 주는 독서를 의미한다. 다양한 사람들의 진솔한 경험과 삶의 철학들이 담겨 있는 좋은 책을 통해 학생 스스로 자신의 장단점과 성격, 적성을 살펴보는 시간을 가질 수 있다. 이런 경험들이 쌓이면 나를 자세히 성찰하게 되고, 바른 가치관을 형성할 수 있게 하여, 자신에게 맞는 직업을 현명하게 선택할 수 있는 안목을 기를 수 있다.

1) 성격으로 알아보는 나의 진로 찾기 — 나 자신을 알라!

우리는 가끔 "나도 날 잘 모르겠어. 내 성격이 어떤지!"라는 말을 할 때가 있다. 누구보다 자기 자신에 대해 잘 알 것 같으면서도 객관성을 유지하고 자신의 성격을 잘 알기가 그만큼 어렵다는 것을 의미한다. 소크라테스의 유명한 말 "너 자신을 알라." 처럼 자신에 대해 정확한 통찰력을 가지고 있다면 진로같이 중요한 일을 결정할 때 많은 도움이 될 것이다. 이런 똑같은 고민을 했던 사람이 있었다. 나는 어떤 사람인지, 무엇을 좋아하고 싫어하는지, 나의 장점과 단점은 무엇인지를 알 수 있게 해 주는 MBTI 성격유형검사를 개발한 브릭스(Briggs)와 마이어스(Myers) 모녀이다.

MBTI(Myers-Briggs Type Indicator)는 '마이어브릭스 유형지표'의 약어이다. 일상생활에 활용할 수 있도록 고안된 자기보고식 성격유형지표로 융(C.G. Jung)의 심리유형론을 근거로 하는 심리검사를 말한다. '마이어스-브릭스 성격진단' 또는 '성격유형지표'라고도 한다. 1921~1975년에 브릭스(Katharine Cook Briggs)와 마이어스(Isabel Briggs Myers) 모녀가 개발하였다.

개인이 쉽게 응답할 수 있는 자기보고 문항을 통해 각자가 인식하고 판단할 때 선호하는 경향을 찾아낸 후, 그 경향들이 행동에 어떤 영향을 끼치는지 파악하여 실생활에 응용한다. 1921년부터 본격적인 연구를 시작하여 A~E형이 개발되었고, F형은 1962년 미국 ETS(Educational Testing Service)에서 출판했다. 1975년에는 G형이 개발되었으며 이후 K형, M형 등이 개발되었다.

한국에는 1990년에 도입되어 초급, 중급, 어린이 및 청소년 적용프로그램, 일반강사 교육과정이 개발되었다. 성격유형은 모두 16개이며 외향형과 내향형, 감각형과 직관형, 사고형과 감정형, 판단형과 인식형 등 네 가지의 분리된 선호경향으로 구성된다. 선호경향은 교육이나 환경의 영향을 받기 이전에 잠재되어 있는 선천적 심리경향을 말하며, 각 개인은 자신의 기질과 성향에 따라 각각 네 가지의 한쪽 성향을 띠게 된다.[25]

자, 조금만 방향을 살짝 돌려 그동안 자신에게 소홀했던 관심의 눈을 지금부터 온전히 나에게 가져 보자! 분명히 자신이 몰랐던 '새로운 나'를 알게 될 것이다.

아래의 항목을 보고 어떤 성격유형에 속하는지 체크해 보자!

외향형 E	내향형 I
• 폭넓은 대인관계 유지, 사교적, 정열적, 활동적 　– 적극성과 외부활동 　– 정열적, 활동적 　– 말로 표현 　– 경험한 다음에 이해 　– 쉽게 알려짐	• 깊이 있는 대인관계, 신중함 　– 자기 내부에 주의 집중 　– 조용하고 신중 　– 내부활동과 집중력 　– 글로 표현 　– 이해한 다음 행동 　– 서서히 알려짐
감각형 S	직관형 N
• 오감에 의존, 실제경험을 중시 　– 지금 현재에 초점 　– 정확하고 철저한 일처리 　– 사실적 사건 묘사 　– 나무를 보려는 성향 　– 가꾸고 추수함	• 육감, 영감에 의존, 미래지향형 　– 가능성과 의미를 추구 　– 신속하고 비약적 일처리 　– 아이디어 　– 비유적, 암시적 묘사 　– 숲을 보려는 경향 　– 씨 뿌림
사고형 T	감정형 F
• 진실과 사실에 관심, 논리적, 분석적 　– 원리원칙 　– 맞다, 틀리다 　– 규범, 기준 중시 　– 지적 논평	• 사람과 관계에 관심, 상황적, 정상참작 　– 의미와 영향 　– 포괄적 　– 좋다, 나쁘다 　– 나에게 주는 의미 중시 　– 우호적 협조
판단형 J	인식형 P
• 분명한 목적과 방향, 기한을 엄수 　– 정리정돈과 계획 　– 의지적 추진 　– 신속한 결론 　– 통제와 조정 　– 뚜렷한 기준과 자기의사	• 목적과 방향 변화 가능, 일정이 달라짐 　– 상황에 맞추는 개방성 　– 이해로 수용 　– 유유자적한 과정 　– 융통과 적용 　– 재량에 따른 처리

자료 출처 : 한국가이던스, 한국심리연구소

4개의 알파벳을 선택했는가? 그럼, 아래의 표에서 자신의 성격유형이 어디에 속하는지 찾아보자! 선택률이 높은 직업 순서대로 정리되어 있다.

ISTJ 소금형	집중력이 강하고 매사에 철저하며 사리분별력이 뛰어나다. (도시개발기술자, 경찰, 교정직, 회계사, 구매대리인, 전기기사 등)
ISFJ 권력형	성실하고 온화하며 친근하다. 책임감이 강하고 헌신적이다. (성직자, 사무관리자, 초 · 중 · 고 교사, 행정가, 도서관 사서 등)
ESTP 활동가형	다양한 활동을 선호하며 적응력이 뛰어나고 관용적이다. (마케팅전문가, 형사, 목수, 사회복지가, 소방관리자, 영업사원 등)
ESFP 사교형	사교적이고 활동적이다. 수용적이고 친절하며 낙천적이다. (보육교사, 운송업, 은행원, 디자이너, 레크리에이션 강사 등)
INFJ 예언자형	인내심이 강하고 통찰력과 직관력이 뛰어나다. 신념을 갖고 열정적으로 구현시켜 나간다. (종교지도자, 사이코드라마 치료사, 순수예술가, 목사, 건축가, 언론매체 전문가, 정신의학 등)
INTJ 과학자형	사고가 독창적이며 사려력이 뛰어나다. 비판적 분석력이 강하며 내적 신념이 강하다. (건축가, 변호사, 법조인, 인력관리 등)
ENFP 스파크형	따뜻하고 정열적이며 활기가 넘친다. 재능이 많고 상상력이 풍부하다. (언론인, 재활상담가, 음악가 및 작곡가, 배우, 사회복지사, 항공 엔지니어, 치과 위생사 등)
ENTP 발명가형	민첩하고 독창적이다. 넓은 안목을 가지고 있으며 다방면에 관심과 재능이 많다. (사진사, 배우, 언론인, 광고 관련직 등)
ISTP 백과사전형	조용하며 절제된 호기심으로 인생을 관찰한다. 논리적이고 뛰어난 상황 적응력을 가지고 있다. (농부, 장교, 전기 · 전자 엔지니어, 광부, 운송기사, 치과위생사, 법률 비서, 조사연구원 등)
ISFP 성인군자형	친절하고 따뜻한 감성을 가지고 있으며 겸손하다. (사업, 사무관리, 형사, 치과보조사, 방사선기사, 상담가, 법률 비서 등)
ESTJ 사업가형	구체적이고 현실적이며 사실적이다. 일을 조직화시켜 처리해 나가며 지도력이 있다. (소매 혹은 중소기업 관리자, 보험 대리인, 사회복지사, 경영 컨설턴트, 판사 등)
ESFJ 친선도모형	마음이 따뜻하고 이야기하는 것을 좋아한다. 친절과 현실감을 바탕으로 타인에게 봉사를 잘한다. (교사, 헤어. 메이크업 종사자, 보건 교육 종사자, 특수교육 교사, 직원 서비스 담당 등)
INFP 잔다르크형	정열적이고 충실하다. 이상적인 세상을 만들어 가는 내적 신념이 강하다. (순수예술가, 정신과 의사, 청소년 상담가, 언론인, 심리학자, 작가, 교육 컨설턴트, 배우, 음악가나 작곡가 등)
INTP 아이디어형	조용하고 과묵하다. 문제를 논리적이고 분석적으로 해결하는 것을 좋아한다. (화학자, 컴퓨터 프로그래머, 법률가, 정부행정 관리자, 생물학자 등)
ENFJ 언변능숙형	따뜻하고 적극적이며 책임감이 강하다. 사교성이 좋고 동정심이 많다. (목사, 보건교사, 연예인, 약사, 컨설턴트, 상담사 등)
ENTJ 지도자형	활동적이고 솔직하다. 단호한 결단력과 통솔력이 있다. (회사경영, 고용개발 전문가, 노사관계 활동가, 판매관리, 행정 등)

자료 출처 : 한국가이던스, 한국심리연구소

어떤가? 평소에 자신의 성격이라고 생각되었던 것들과 검사 결과 나타난 성격유형이 비슷하게 일치했는가? 이 성격유형검사는 자신이 타고난 고유한 성향을 이해하기 위한 방법이지만, 성격 한 가지만으로는 그 사람의 모든 것을 파악할 수는 없다. 왜냐하면 같은 유형의 성격이라도 어떤 환경에서 어떻게 성장했는가에 따라 조금씩 차이가 나기 때문이다. 그럼에도 불구하고 자신의 성격을 어느 정도 알고 있으면 진로를 탐색하는 데 많은 도움이 될 수 있을 것이다.

다음은 대표유형과 그 성격유형이 선호하는 직업을 정리해 볼 것이다. 이것은 간단하게 정리한 것으로 보다 자세하게 자신의 성격유형에 대해 알고 싶으면 직접 심리상담소를 방문하여 검사를 해 보고 전문가와 상담하는 것이 바람직하다.

- 감각형(S) : 꼼꼼하고 실용적인 감각형들은 실제로 만지고 경험하는 직업을 선호한다. 생산, 관리, 비즈니스, 건축, 사무, 회계, 간호 같은 일이나 경찰, 군인 등의 직업이 이 유형에 속한다.
- 직관형(N) : 통찰을 통해 의미와 가능성, 관계 인식하기를 좋아한다. 의사소통과 관련된 상담직이나 저널리스트, 교직, 작가 같은 직업이나 법률, 연구, 종교, 예술, 과학 분야의 직업 등 장기간 계획하고 계발해야 하는 직업이 이 유형에 속한다.
- 사고형(T) : 다른 사람의 감정을 살피기보다 눈앞에 닥친 일이나 문제를 해결하는 것에 집중하며, 논리적이고 분석적이다. 사고형이 좋아하는 직업으로는 범죄학, 경찰, 법률, 관리, 컴퓨터, 생산, 기술, 과학, 상업 분야 등이 이 유형에 속한다.
- 감정형(F) : 다른 사람의 감정이나 기분에 잘 공감하고 다독거려 주기 때문에 감정형은 다른 사람과 우호적인 관계를 잘 맺는다. 감정형이 좋아하는 직업으로는 목회, 인력봉사, 상담, 비서, 의료, 교직, 통신, 연예 분야 등이 이 유형에 속한다.[26]

그럼, 성격유형에 어울리는 직업을 가진 예를 찾아보자. '바람의 딸'로 세상의 오지를 여행하며 자유를 누렸던 한비야가 바로 주인공이다. 그녀는 어느 날 문득 월드비전 긴급구호 팀장이라는 낯선 직위를 얻고 우리에게 돌아왔다. 세계 오지를 돌며 그들과 접하면서 도움이 필요한 곳이 많다는 것을 느꼈기 때문이었을 것이다. 그리고 자신의 가슴을 뛰게 하는 일을 해 보고 싶다는 그녀 스스로의 열정도 있었을 것이다. 그래서 한비야는 총알이 빗발쳐 목숨을 보장할 수조차 없는 전쟁터는 물론이고, 자연재해, 빈곤 등 긴급구호가 필요한 곳이면 어디든지 달려가 그들과 함께 5년을 보냈다. 지도 밖으로 행군하라는 긴급구호 팀장으로 활동했던 한비야의 활동 보고서와 같은 책이다.

전쟁과 기아 등으로 고통받고 있는 사람의 아픔을 잘 공감하고, 그들을 진심으로 다독거려 주는 일을 기쁨으로 생각하는 한비야는 MBTI 성격유형 중 'ESFJ(친선도모형)'유형이나 'ESTP(활동가형)', 'ESFP(사교형)'에 가까운 사람일 확률이 높으며, 적절한 진로를 선택했다고 볼 수 있다. 한비야처럼 사람에 대한 관심이 많으며, 도전정신이 강하고, 사교적이고 활동적인 성격에 어울리는 꿈을 가진 학생들에게 지도 밖으로 행군하라를 추천한다.

〈지도 밖으로 행군하라〉

한비야 글 | 출판사 : 푸른숲

학생 글

나는 어렸을 때부터 어려운 사람들을 보면 그냥 지나치지 못하고 도와주는 일에 관심이 많았다. 그래서 쓸데없는 일에 참견을 많이 한다 하여 친구들이 '참견쟁이'라는 별명도 붙여 주었다. 나도 이유를 잘 모르겠지만, 힘든 우리 이웃들을 도와주는 사람들의 훈훈한 이야기를 볼 때마다 왠지 마음이 편안해지고, 이런 따뜻한 사람들이 있어서 우리 사회의 전망이 아주 밝다고 생각하면 저절로 흐뭇해지고 기분이 좋다. 이런 이야기를 하면 마치 내가 천사처럼 보이겠지만, 사실은 평범한 또래 학생들과 다른 것이 없다. 다만, 관심사가 그쪽으로 남들보다 좀 더 쏠려 있고 앞으로 직업도 소외된 이웃을 돕는 '사회복지사'나 한비야처럼 NGO 단체에서 일하고 싶은 꿈이 있기 때문이다. 아마도 타고난 성격 탓이 큰 것 같다.

〈지도 밖으로 행군하라〉를 쓴 한비야는 어렸을 때 걸어서 세계 여행을 꿈꾸었고, 그것을 실현했으며, 또 그 경험들을 바탕으로 긴급구호가 필요한 곳에서 봉사하는 삶을 살고 있다. 나도 세상의 소금이 되는 삶을 살고 싶은 것이 꿈이다. 얼마 전 TV에서 아프리카로 자원봉사를 간 연예인들의 모습을 본 적이 있다. 전쟁, 가뭄 등으로 인한 열악한 환경 속에서 제대로 먹지 못해 뼈만 앙상하게 남은 어린아이의 새카맣고 큰 눈이 너무도 슬퍼 보여 마음이 아팠다. 그 모습을 보면서 내 꿈이 더 확실해졌고, 그들과 나중에 꼭 함께해서 웃음을 찾아 주고 싶다는 생각이 간절히 들었다.

나는 이 책을 읽는 동안 마음이 편하지 않았다. 지구 저편에서는 수많은 사람들이 하루하루 생존을 위협받고 있는데, 나는 감사할 줄 모르고 살아가는 것 같아 미안한 마음이 들었기 때문이다. 우물 안 개구리처럼 이기적인 삶을 살지 말고, 지도 밖 넓은 세상의 다른 모습도 관심을 갖고 더불어 살아가자는 한비야의 말처럼 나도 그들에게 실질적인 도움을 주는 그런 보람된 삶을 살고 싶다.

2) 강점으로 알아보는 나의 진로 찾기 — 나만의 재능을 찾아라!

어린 왕자를 쓴 프랑스의 유명한 작가 생텍쥐페리(Saint-Exupéry)를 아는가? 너무도 유명해서 직접 그의 작품을 읽지 않았지만, 마치 읽은 듯한 착각을 불러일으키는 작가이기도 하다. 그러나 생텍쥐페리가 작가가 되기 전 비행기 조종사였다는 사실을 아는 사람은 드물 것이다.

생텍쥐페리는 공군에 입대하여 조종사 훈련을 받았던 경험을 바탕으로 1926년 프랑스 항공사에 취직하게 되는데, 이것이 그의 생애와 문학에 결정적인 전기로 작용하게 된다. 아프리카의 한 비행장에 근무하던 시절에 쓴 남방 우편기(1929)를 시작으로, 야간비행(1931), 인간의 대지(1939) 등 당시로서는 모험과 고난에 가까웠던, 삶과 죽음을 넘나드는 박진감 넘치는 실존적 작품들을 주로 썼다. 특히 1935년에는 비행 도중 사하라 사막에 불시착하여 기적적으로 구출된 적도 있었다. 그 유명한 어린 왕자(1943)는 제2차 세계대전 중 작가가 직접 그린 삽화와 함께 미국에서 발표했는데, 그 이듬해 1월 생텍쥐페리는 지중해 연안으로 정찰 비행을 나갔다가 다시 돌아오지 못하고 만다.[27]

작가와 비행기 조종사! 성격이 전혀 다른 계열의 직업을 가졌던 생텍쥐페리는 어떻게 하여 우리에게 이름을 알릴 수 있었을까? 그 비밀은 너무도 당연하다. 자신이 가장 잘 알고, 항상 경험했던 일을 소재로 실감 나는 글을 썼기 때문일 것이다. 어찌 상상만으로 수없이 많은 별빛이 반짝이는 아름다운 밤하늘의 풍경을 묘사할 수 있을까? 직접적인 경험이 아니고서는 다른 사람들이 도저히 흉내 낼 수 없는 특징을 생텍쥐페리만의 시선으로 잘 포착하였기 때문에 오래도록 기억 속에 남는 소중한 책을 쓸 수 있었던 것이다.

하버드대학교 교수이자 심리학자인 하워드 가드너(Howard Earl Gardner)는 'IQ가 인간의 지능을 이해하는 올바른 방법인가? 과연 인간의 지능은 어떤 것을 의미하는가?'라고 의문을 제기하면서 '다중지능(multiple intelligence)이론'을 주장하였다. 기존의 IQ가 하나의 잣대를 가지고 있다면 가드너(Gardner)는 인간의 지적 능력을 여러 가지 분야로 확대하여 다양한 지능을 통해 인간을 이해하고자 하였다.[28]

가드너는 지능이 단일한 능력 요인으로 구성된 것이 아니라 별개로 구분되는 다수의 지능으로 구성되어 있음을 가정하여 언어지능, 논리수학지능, 공간지능, 음악지능, 자연친화지능, 신체운동지능 외에 대인관계지능, 자기성찰지능을 추가하여 8개의 지능으로 구분하였다. 가드너는 모든 인간은 8개의 지능을 가지고 있으며 적절한 교육과 자극을 통해 수준을 향상시킬 수 있다고 하였다.[29]

그리고 각 능력들이 복합적으로 이루어져 뭉뚱그려진 한 인간의 지능을 이룬다고 보았다. 말 그대로 인간의 지능과 능력을 다양한 관점과 분야에서 바라보고 있는 것으로, '인간을 이해하는 다양한 길'이라 말할 수 있다. 대부분의 사람들은 여덟 가지 지능 중 두세 가지 분야에서 강점을 보이는데, 기존의 IQ에서 평가받지 못했던 그 사람만이 가진 재능을 찾아 강점을 발달시키려 노력한다면 진로를 탐색하고 선택할 때 많은 도움이 될 수 있다.

다음에 제시된 다중지능의 특성을 잘 보고 어떤 재능이 숨어 있는지 체크해 보자!

가드너의 여덟 가지 다중지능 특성 및 관련 직업			
분야	행동 특성	관련 직업	대표 유형
언어 지능	말을 통해 설득력 있는 표현을 잘하고 쓰기에 필요한 적합한 방법이나 분위기를 파악하여 표현할 수 있는 능력이 있다. "왜?"라는 질문을 자주 하여 말하기를 즐겨 하며 좋은 어휘력을 가지고 있고 책 읽는 것을 즐긴다. 기존의 지식과 통합해 가며 논리적으로 듣고 잘 이해하는 편이다.	작가, 사서, 방송인, 기자, 변호사, 영업사원, 문학평론가, 개그맨, 아나운서, 시인, 리포터, 출판 편집자, 카피라이터, 쇼 호트스, 성우, 홍보 담당자, 학원 강사, 방송 프로듀서 등	셰익스피어, 윤동주, 이문열, 신동엽, 박웅현 (카피라이터)
논리 수학 지능	수의 개념을 인식하고 부호화하는 능력이 뛰어나 계산을 잘하고, 다양한 요소들을 분류하고 범주화하여 유추할 수 있는 능력이 좋아 퍼즐 게임 등을 즐긴다. 사물의 작용과 원리에 관심이 많고, 분석적으로 문제에 접근하며 '만일 ~ 라면' 식의 논리에 관심이 있다.	수학자, 물리학자, 은행원, 컴퓨터 프로그래머, 구매 대리인, 공인 회계사, 생활설계사, 측량 기술자, 투자 분석가, 금융자산 운용가, 엔지니어, 수학 교사 등	아인슈타인, 플라톤, 에디슨, 워렌 버핏
공간 지능	그림 그리기를 좋아하며, 시각적인 세부 묘사에 뛰어나다. 퍼즐놀이를 즐기고 낙서하기를 좋아한다. 색깔, 모양, 공간, 형태 등의 관계를 민감하게 잘 파악한다. 방향감각이 뛰어나 처음 방문하는 곳도 잘 찾아가며 아이디어들을 도표, 그림 등으로 잘 나타내며, 시각적으로 표현하는 디자인, 그림 그리기, 만들기 등에 소질을 보인다.	조각가, 항해사, 디자이너(인테리어, 무대, 헤어, 웹 분야), 화가, 건축가, 사진작가, 애니메이터, 탐험가, 요리사, 치과의사, 큐레이터, 영화감독, 도시계획가, 일러스트레이터, 파일럿, 미술교사 등	피카소, 로댕, 가우디, 김홍도, 백남준, 이천세, 임권택,
음악 지능	음악을 이해하는 능력이 다른 사람들보다 뛰어나 부르기에 필요한 요소를 조화롭게 활용할 줄 알며, 악기도 효과적으로 연주할 수 있다. 리듬에 따라 박자를 맞추거나 몸을 흔드는 것을 좋아하며 소리들을 쉽게 구분한다. 또 상황에 적절한 곡 선택을 잘하고, 곡을 구성할 수 있는 능력이 있어 한 가지 음악 유형을 다른 음악 형태로 변형시키는 능력도 뛰어나다.	음악가(성악가, 연주가, 작곡가, 지휘자, 반주자 등), 음악치료사, 음향기술자, 음악평론가, 피아노 조율사, 음반 제작자, 가수, 댄서, 음악교사, 영화 음악 감독, 음악 공연 연출가, 국악인, 게임 음악 제작자, DJ 등	모차르트, 바네사 메이, 홍난파, 조수미, 금난세, 조용필
자연 친화 지능	동식물에 관심이 많으며 인공적인 환경보다 자연적인 환경을 선호하는 편이다. 자연 친화적이고 채집 등을 즐기며 자연물을 잘 구별하고 분류하는 능력이 뛰어나다. 농사 짓기, 화분 가꾸기, 동물 기르기 등을 좋아한다. 생물들에 대해 관찰을 하고 보고서나 관찰일기 쓰는 것을 좋아한다.	유전공학자, 생물학자, 수의사, 조류학자, 천문학자, 고고학자, 한의사, 약사, 환경운동가, 요리 평론가, 화원경영자, 생물교사, 원예치료사, 여행가, 애견 트레이너, 기상 예보관 등	파브르, 아이작 뉴턴, 다윈, 최재천, 윤무부

신체 운동 지능	신체의 좋은 균형 감각을 가지고 있으며 리듬 감각이 좋다. 몸의 균형 감각과 촉각이 다른 사람들에 비해 발달되어 있어 손재주가 있다는 말을 많이 듣는다. 손으로 하는 장난감 조립을 잘하고 공책이나 방 꾸미기를 좋아한다.	무용가, 운동선수, 외과의사, 레크리에이션 지도자, 보석 세공인, 뮤지컬 배우, 치어리더, 경찰, 카레이서, 파일럿, 모델, 정비 기술사 등	박지성, 마이클 조던, 타이거 우즈, 박찬호
대인 관계 지능	리더십을 보여 주며 다른 사람과 협동하여 일하는 데 능숙하다. 다른 사람들의 표정, 음성, 몸짓 등 대인관계에서 나타나는 여러 가지 신호들을 잘 읽어 냄으로써 타인의 기분이나 감정을 잘 파악한다. 또 다른 사람들의 말이나 행동에 적절히 반응하고 인간관계를 잘 이끈다.	사회학자, 종교지도자, 호텔경영자, 정신과 의사, 관광가이드, 승무원, 상담원, 간호사, 사회복지사, 교사, 법조인, 외교관, 비서, 컨설턴트 등	간디, 김구, 마더 테레사
자기 성찰 지능	자신의 능력을 확신하며 적절한 목표를 설정한다. 자기성찰지능이 높은 사람은 자기존중감, 자기향상 욕구, 스스로의 문제를 해결하기 위한 노력이 강하다. 끊임없이 스스로에게 질문을 던지며 자신을 깊이 성찰하고 이해하는 능력이 있다.	심리학자, 신학자, 작가, 발명가, 정신분석학자, 성직자, 작곡가, 예술인, 심리치료사, 역술인, 자기인식 훈련 프로그램 지도자 등	프로이트, 이상, 오프라 윈프리

자료 출처 : 한국가이던스, 한국심리연구소

〈야간비행〉

생텍쥐페리 글 | 출판사 : 현대문화센타

학생 글

프랑스 대표작가 생텍쥐페리! 중학교 1학년 때쯤 학교 필독 도서로 선정되어 읽게 된 작품이 〈어린 왕자〉였다. 필독 도서는 반드시 읽고 독서 감상문을 써야 했기에 부담감을 잔뜩 안고 읽었던 기억이 난다. 그런데 생각했던 것보다 재미있어 나도 모르게 끝까지 읽고 말았다. 영어 이름에 익숙했기에 '생텍쥐페리'라는 프랑스 이름 자체도 낯설었지만, 대부분 알고 있는 유명 작가를 그때까지 나만 모르고 있었다는 사실에 더 충격이 컸다. 그랬던 나였는데……. 내가 그의 다른 대표작 〈야간비행〉까지 읽었다.

주제 자체도 〈어린 왕자〉에 비해 무거웠고, 소설 속 인물들의 진지한 모습에 책을 다 읽을 때까지 나는 긴장할 수밖에 없었다. 그런데도 책을 끝까지 놓지 못했던 이유는 까만 밤하늘에 수없이 반짝이는 별을 보며 야간비행을 하는 주인공의 모습이 나에게는 너무도 생생하게 다가왔기 때문이다. 사실, 나는 오래전부터 스튜어디스가 꿈이었다. 삼촌과 외숙모가 파일럿과 스튜어디스로 항공사에서 일하고 있기에 어렸을 때부터 항공 관련 일에 익숙했고, 자연스럽게 그 분야에 대한 관심도 컸다. 그래서인지 다른 공부는 재미없었지만, 영어 공부만은 내가 스튜어디스가 되기 위한 필수라 생각하니 지겹지 않았다. 그래서 지금은 외국에 나갔을 때도 자연스럽게 대화할 수 있을 정도로 향상되었다. 또 나는 다른 문화에 대한 호기심이 많고, 새로운 사람들을 만나는 것을 무척 좋아한다. 그들과 자연스럽게 어울리면서 보다 세상을 다양하게 이해할 수 있어 좋다. 아마도 어렸을 때부터 해외여행을 자주 한 경험이 있기 때문일 거다. 나는 이런 경험들을 살려 모든 사람들이 편안한 여행이 될 수 있게 도와주는 하늘의 천사 스튜어디스가 되는 것이 꿈이다. 이런 꿈을 가지고 있는 나였기에 〈야간비행〉을 읽는 동안에는 마치 내가 진짜 스튜어디스가 되어 야간비행을 하는 듯한 착각이 들 정도로 나의 상상력을 자극했다.

소설 〈야간비행〉에는 하나의 목표를 위해 책임감으로 최선을 다하는 인물들이 등장한다. 자신의 일에 대한 끝없는 열정과 신념! 정말로 내가 배우고 싶은 교훈이다. 불의의 사고로 비행 도중 죽음을 당한 동료를 가슴에 묻고 묵묵히 자신의 일을 해 나가는 소설 속 인물들이 때로는 낯설게도 느껴졌지만, 그것은 일에 대한 열정과 신념이 누구보다 강하기 때문이라는 생각이 들었다. 생텍쥐페리의 〈야간비행〉은 불확실했던 내 꿈에 아주 튼튼한 말뚝을 뚝딱뚝딱 박아 준 길잡이와도 같은 소중한 책이다.

3) 흥미로 알아보는 나의 진로 찾기 ─ 나의 흥미를 파악하라!

똑같은 시간에 같은 영화를 보았는데도 어떤 사람은 감동적이었다며 좋아하고, 또 어떤 사람은 재미없어 졸려 죽는 줄 알았다며 투덜대기도 한다. 각자 좋아하는 관심 분야가 다르고 그것에 몰입하는 정도가 달랐기 때문일 것이다. 쉽게 말하면 각자 흥미가 다르기 때문인데, 흥미란 어떤 일이나 대상, 활동에 대하여 관심이 끌리고 좋아하는 긍정적 느낌을 말한다. 그래서 흥미가 있는 것에는 능률이 오르고 싫증을 느끼지 않아 지속적인 발전이 가능하지만, 반대로 흥미가 없을 때에는 그만큼 효율성이 떨어지는 것이다.

흔히 사람들은 직업을 고를 때 타고난 재능을 제일 중요하게 여기는 경향이 있지만 반드시 그렇지는 않다. 오히려 어떤 일에 흥미와 관심이 있을 때 오랫동안 그 일을 하게 되고 그 분야에서 성공할 수 있다고 진로 전문가들은 조언한다.[30]

왜냐하면 흥미는 성공을 가져다주는 직접적인 요인은 아니지만, 동기를 유발하는 요인으로서 중요한 역할을 하기 때문이다. 무언가를 좋아하고 즐기는 마음은 어떤 일을 하는 데 있어서 지속적인 내적 동기를 부여한다. 그래서 공부는 밤을 새워서 할 수 없지만, 자신이 좋아하는 컴퓨터 게임이나 친구와 수다 떠는 것은 시간 가는 줄 모르고 할 수 있는 것이다. 한마디로 말해 흥미는 지속적으로 내적 동기를 부여하는 꺼지지 않는 불씨와도 같다. 이 불씨를 가슴속에 항상 지니고 있으며, 그것을 적극적으로 활용해서 노력하고 발전시켜 나간다면 어떤 분야에서든지 성공할 수 있을 것이다.

미국의 진로심리학자인 홀랜드(John L. Holland)는 사람들의 흥미와 직업을 관련시켜 직업흥미에 대한 이론을 세웠다. 홀랜드는 1940년대 중반, 군대에서 군인들을 뽑는 면접 일을 하면서 사람들의 성격 특징과 직업과의 관련성에 관심을 갖게 되었다. 홀랜드는 그 후 다양한 직업과 계층의 사람들을 만나 상담한 결과를 토대로 흥미에 따른 일의 유형을 정리하여 발표하였다.[31]

홀랜드의 여섯 가지 흥미유형을 측정하는 일반흥미유형(General Occupational Theme, GOT)은 1972년부터 스트롱 흥미검사에 포함되었다. 25개인 기본 흥미척

도도 나름대로 의미가 있지만 이론적인 틀을 제시하기에는 너무 수가 많았기 때문에 홀랜드의 여섯 가지 일반흥미유형을 스트롱 흥미검사의 이론적 틀로 수용하였다.[32]

홀랜드가 분류한 일반흥미유형은 기계적 소질이 있는 실재형/현장형(Realistic), 과학자들이 많은 탐구형(Investigative), 창의성을 지향하는 예술형(Artistic), 협력을 좋아하는 사회형(Social), 기업가적 기질이 강한 진취형/기업형(Enterprising), 꼼꼼한 사무형/관습형(Conventional)이 있다. 이 여섯 가지 유형의 머리글자를 따서 RIASEC으로 부르기도 한다.

그렇다면, 여섯 가지 유형 중 나는 어느 유형일까? 본격적으로 홀랜드가 분류한 여섯 가지 유형의 특성과 선호하는 직업들에 대해 자세히 살펴보자.

유형	기계적 소질이 있는 실재형/현장형(R)
특성	실재형(현장형)은 사물, 도구, 기계 등을 다루는 실용적이고 구체적인 일에 소질이 있는 반면 사교능력이 부족하여 사람들과 접하는 활동을 싫어한다. 사교능력이 부족하다 보니 가끔 자신에 대해서나 감정에 관해 타인에게 말로 표현하기를 어려워한다. 이 유형의 사람들은 현장에서 직접 신체적으로 하는 활동이나 기계를 조작하는 직업, 예를 들면 자연이나 야외, 기계, 건설 등의 연관 분야에서 일을 찾는다. 실재형 사람들이 사용하는 장비는 불도저, 크레인, 트랙터, 대형 트럭과 같은 중장비일 수도 있고, 엑스레이 촬영기나 현미경과 같은 정밀한 기계일 수도 있다. 이 분야는 차, 배, 비행기, 펌프, 자동차, 고속 회전기계 등을 다루는 일과도 관련이 많다. 실재형 직업은 종종 집, 기계, 도로, 다리와 구조물을 만드는 일이나 이런 구조물을 유지하는 일을 좋아한다.
선호하는 직업	항공기조종사, 운동선수, 공학자, 원예사, 조경사, 배관기술자, 자동차정비사, 경찰관, 비파괴 기사, 방사선사, 농업교사, 선원, 농부, 어부, 건축업자, 중장비운전사, 전기 · 전자기술자, 목축 업자, 공학자 등

유형	과학자들이 많은 탐구형(I)
특성	탐구형은 물리나 생물 또는 문화 관련 현상을 관찰하고 탐구하는 활동을 좋아하는 반면 설득이나 사회활동 또는 반복적인 활동을 싫어한다. 학문적 조사연구나 의학시설, 컴퓨터 관련 사업 분야에서 일을 찾는다. 탐구형은 사람보다 아이디어를 강조하고, 높은 추상적인 지능의 소유자들이 많다. 그래서 과학자 직업을 가진 지적인 사람들이 대부분 이 유형이다. 사회적인 관계에는 관심이 별로 없어 정서적인 상황에서 불화를 일으킬 때도 있다. 다른 사람들이 보기에 차갑다는 인상을 주어 거리감을 느끼게 한다. 주위 간섭 없이 독립적으로 일하는 것을 좋아하지만 필요할 경우 같은 탐구형 사람들과 연구팀을 조성해 함께 일하는 것은 좋아한다.
선호하는 직업	과학자, 화학자, 생물학자, 물리학자, 의사, 수의사, 인류학자, 사회학자, 심리학자, 약제사, 연구개발관리자, 천문학자, 통계학자, 지질학자, 통계학자 등

유형	창의성을 지향하는 예술형(A)
특성	예술형은 자유롭고 모호하며 비체계적인 활동을 좋아하는 반면 명확하고 순서화 또는 정형화되어 있는 활동을 싫어한다. 아이디어와 재료를 사용해 자신을 새로운 방식으로 표현하는 작업을 중시하고, 직관적이며 상상력이 풍부하고 창조적이다. 이 유형의 사람들은 미술, 음악, 드라마 등의 창작활동이나 박물관 등에서 자신의 일을 찾아 직업으로 삼기도 하지만, 예술형이라 해서 꼭 예술가가 되는 것은 아니다. 예술과 관련된 여가를 즐기기를 좋아하는 사람들도 이 유형에 해당된다.
선호하는 직업	무용가, 음악가, 화가, 시인, 소설가, 디자이너, 건축가, 국어교사, 리포터, 만화가, 사진작가, 일러스트레이터, 연예인, 카피라이터, 잡지편집인, 조각가, 박물관 · 미술관 큐레이터 등

유형	협력을 좋아하는 사회형(S)
특성	사회형은 사람을 교육·훈련시키고 계발시키는 것과 같이 타인을 다루는 활동을 좋아하는 반면 도구나 기계를 다루는 활동을 싫어한다. 사회형은 대체로 협동적이며 친절하고 휴머니스트이며 사교성과 재치가 있는 편이다. 그래서 다른 사람들과 상호작용하는 것이 필요한 환경, 즉 사람들을 교육하고 치료하는 직업, 남을 돕는 일에 관심이 많다. 열심히 일하며 대가를 바라지 않고 봉사하기를 좋아하여 부드러운 사람이라는 평가를 받는 경우가 많다.
선호하는 직업	상담가, 사회복지사, 간호사, 유치원 교사, 레크리에이션 강사, 심리치료사, 종교지도자, 학원 강사, 물리치료사, 학교행정 담당자 등

유형	기업가적 기질이 강한 진취형/기업형(E)
특성	진취형/기업형은 경제적 성취나 조직의 목표 달성을 위해 남을 이끌고 영향을 미치며 관리하는 일을 좋아하는 반면 관찰하고 체계적인 활동을 싫어한다. 남들보다 앞서 나가기를 좋아하며 직장의 위계 구조에서 책임을 지는 지위에 오르려는 욕구가 강하다. 목표를 정할 때에는 달성이 가능하고 대가가 분명한 일을 정하고 목표를 이루기 위해 적극적으로 나선다. 권력과 통제를 강조하기 때문에 대인관계에 어느 정도 거리감을 가진다. 이 유형의 사람들은 기업 경영이나 세일즈, 정치 분야에서 주로 일을 찾는다.
선호하는 직업	정치가, 기업경영인, 판사, 영업사원, 상품구매인, 레스토랑 매니저, 보험설계사, 항공기 승무원, 부동산 중개인, 광고대행업자, 홍보담당자, 해외 업무 담당자, 지방자치 단체장, 이벤트 전문가, 인사담당자, 공장 관리자 등

유형	꼼꼼한 사무형/관습형(C)
특성	사무형/관습형은 자료를 정리하고 기록을 남기는 것과 같이 자료를 명확하고 체계적으로 다루는 일을 좋아하는 반면 모호하고 체계적이지 못한 활동을 싫어한다. 일의 목표나 수단이 명백하게 제시되는 구조화된 상황에서 가장 일을 잘한다. 자신에게 기대되는 것이 무엇인지, 자신에게 정해진 일이 무엇인지 정확히 알고 싶어 한다. 대체적으로 성실하며 효율적이고 자기를 잘 통제하며, 위계질서에 순응하며 인내심이 강하고 조용한 편이다. 이 유형의 사람들은 주로 금융기관, 회계 사무소와 대기업에서 일을 찾는다.
선호하는 직업	세무사, 공인중개사, 은행원, 경리사원, 재무분석가, 매장 판매인, 문서 작성 및 편집자, 비서, 사무 관리자, 세무회계 감사원, 컴퓨터 프로그래머, 제품 관리자, 급식 관리자, 인쇄업자 등

자료 출처 : 한국가이던스, 한국심리연구소, http://blog.com/go-ysc, 2013.8.20

〈생명이 있는 것은 다 아름답다〉

최재천 글 | 출판사 : 효형출판

학생 글

나는 개미의 움직임이나 새의 날갯짓 등 남들이 신경 쓰지 않는 부분들에 대해 유달리 관심이 많고, 그것들을 관찰하고 있으며 시간 가는 줄 모른다. 그래서 어려서부터 동물이나 곤충들이 나오는 다큐멘터리를 즐겨 보았고, 미래의 꿈도 생물학자이다.

작년에 과학 선생님이 최재천의 〈생명이 있는 것은 다 아름답다〉라는 책을 추천해 주셨다. 사람처럼 말도 못하는 동물들한테 배울 것이 참 많다는 점과 우리들이 쉽게 알지 못하는 동물들이 하는 행동들과 특성 등 여러 사실을 알게 되어 정말 좋았다. 사람들이 하찮다고 생각하는 작은 개미들도 자기의 분수를 알고 질서를 지키며 살아가는데 우리 사람들은 남의 것을 탐내고 해치면서까지 자신의 이익을 찾는다. 흔히 어른들이 '짐승만도 못한 놈'이라고 말할 때가 있는데, 이 책을 읽으면서 그 말이 무엇을 의미하는지 알 것 같았다.

황소개구리와 토종개구리의 이야기를 통해서는 우리말의 중요성과 남의 문화에 대한 비판적 수용을 배웠고, 동물들의 솔직한 애정 표현을 통해서 본능이라는 것도 생각해 보게 되었다. 나는 말없는 가르침을 주는 이런 자연의 순리가 참 신기하다. 그래서 더욱 관심과 흥미가 생기는 것 같다. 이런 나의 관심과 흥미를 더더욱 발전시켜 최재천 교수처럼 멋진 생물학자가 되도록 노력해야겠다.

4) 롤모델로 알아보는 나의 진로 찾기 — 나의 롤모델을 만들어라!

사람들은 흔히 새로운 일에 도전하거나 어떤 목표를 달성하려고 할 때 불안한 마음을 가지게 된다. 잘할 수 있을까 하는 걱정은 물론 자신감도 떨어지기 마련이다. 이때 자신에게 올바른 길을 가르쳐 줄 길잡이가 있다면 얼마나 좋을까? 아마도 이런 생각을 한 번쯤은 가져 보았을 것이다. 성공의 지름길을 누구보다도 잘 알고 있는 길잡이, 이것이 바로 인생의 '롤모델'이다. 롤모델은 로버트 K. 머튼(Robert K. Merton)이 처음 사용한 말로, 어떤 한 사람을 모범으로 삼아서 자신이 어느 정도의 성숙(성공)을 이룰 때까지 그를 모델로 삼는 것을 말한다. 흔히 롤모델은 역할모델이라는 말로도 사용하는데 성공으로 가는 길을 안내하는 친절한 내비게이션과도 같다고 할 수 있다. 왜냐하면 우리가 가려는 인생의 길은 달콤한 곳도 있지만 한 번도 가 보지 못한 험하고 낯선 길도 많기 때문이다. 자신이 가고자 하는 길에 올바른 방향을 안내해 주는 친절한 지도가 있다면 조금은 시행착오를 줄일 수 있고, 목표하는 바도 더 빨리 이룰 수 있을 것이다. 그래서인지 우리에게 이름을 알린 성공한 사람들에게는 대부분 인생의 지표인 '롤모델'이 있었다.

한 가지 예를 들어 보자. 우리나라 국민이라면 모를 리가 없는 피겨스케이팅 선수 김연아에게도 '미셸 콴'이라는 롤모델이 있었다. 이 이야기는 이미 언론이나 인터뷰에서 보도되어 우리에게도 잘 알려진 사실이다. 피겨라는 종목 자체에 관심이 없었던 나라에서 기적을 하나하나 만들어 가고, 세계 정상에 우뚝 선 김연아 선수에게 미셸 콴은 어릴 적 꿈을 현실로 실현하게 만든 원동력이었다. 김연아는 1998년에 열렸던 일본 나가노 동계올림픽에서 피겨스케이팅 경기를 담은 비디오를 본 후부터 미셸 콴에게 매료되었고, 반드시 미셸 콴과 같은 선수가 되겠다고 어린 나이에 야무지게 다짐했다고 한다. 그리고 김연아 선수는 미셸 콴과 드디어 같은 무대에 올랐다. 이날 소감을 묻는 기자들의 질문에 김연아 선수는 어렸을 때부터 나만의 롤모델을 가지는 것이 큰 도움이 되었다고 강조했다. 자신이 만든 롤모델을 뛰어넘게 만드는 에너지! 그것이 바로 롤모델의 힘이다.

사람은 인생에서 누구를 만나느냐에 따라 운명이 달라질 수도 있다. 롤모델은 자신보다 앞서 인생을 생생하게 살아 낸 사람들이다. 겉으로 보이는 화려한 면만 보지 말고, 구체적으로 어떤 삶을 살았고 어떤 노력들을 했기에 우리에게 존경받는 인물이 되었는지 그 과정들에 대해 꼼꼼하게 살펴보는 것이 더 중요하다. 또한 내 인생을 긍정의 방향으로 이끌어 줄 롤모델은 반드시 유명한 사람일 필요는 없다. 자신에게 올바른 가치관을 심어 주고 희망을 줄 수 있는 그런 분들이라면 모두 내 인생의 운명인 롤모델이 될 수 있다.

자, 그럼 이쯤에서 질문 하나 던져 본다.

인생의 운명이 될 수 있는 '당신의 롤모델'은 어떤 사람인가?

자신의 롤모델을 설정하고, 꿈을 이루기 위한 롤모델 보고서를 작성해 보자!

나의 꿈	
내 인생의 롤모델	
롤모델로 삼은 이유	
롤모델의 성공 스토리	
인생에서 어려웠던 위기의 순간은?	
위기의 순간을 어떻게 극복하였는가?	
롤모델을 찾는 과정에서 느낀 점 및 달라진 점은 무엇인가?	
롤모델처럼 되기 위해 노력해야 할 것은 무엇인가?	

〈김연아의 7분 드라마〉

김연아 글 | 출판사 : 중앙출판사

학생 글

"야, 무릎 펴라고 했지! 무릎! 힘차게 점프!" 아직도 코치님의 잔소리가 들리는 것 같다.

어려서부터 피겨 선수를 꿈꾼 아이가 있었다. 언젠가는 나도 김연아처럼 전 세계의 주목을 받으며 은반 위를 누빌 수 있으리라 생각했다. 짧은 공연이 끝나고 턱밑까지 숨이 차올라도 수많은 관중의 박수와 은반 위에 던져지는 꽃다발만 있으면 아름다운 미소를 끝까지 지어야지! 하루에도 몇 번씩 이런 상상만 해도 행복했고, 그 희망으로 나는 아이스링크를 지금도 힘차게 달리고 있다.

초등학교 때 우연히 시작한 스케이트. 김연아처럼 나도 자연스럽게 스케이트를 시작하게 되었다. 처음에는 엄마 손에 이끌려 갔지만, 시작하고부터는 콧물이 질질 나고, 온 몸에 멍이 들어도 즐겁기만 했다. 언제까지 김연아만 바라보고 있을 수 없듯이, 나도 열심히 노력하면 세계적인 스케이트 선수가 될 수 있을 거라는 꿈이 생겼기 때문이었다. 그런 의미에서 김연아 선수가 직접 쓴 〈7분 드라마〉는 나에게는 교과서와도 같은 책이다. 화려한 영광 뒤에 얼마나 많은 시련과 아픔이 있었는지 알 수 있었고, 또 어떤 마음으로 최선을 다해야 하는지도 배울 수 있었다. 나도 벌써 스케이트를 시작한 지 5년이 넘었다. 공부와 운동 두 가지를 병행하느라 힘들기도 하지만, 내가 좋아서 하는 것이니 괜찮다. 수백 번 넘어져도 내 꿈을 향해 끝까지 달려 보고 싶다.

중학생이 읽을 만한 추천 도서 50

번호	지은이	책제목	출판사
1	공지영	무소의 뿔처럼 혼가서 가라	오픈하우스
2	구로야나기 테츠코	창가의 토토	프로메테우스
3	구리 료헤이	우동 한 그릇	청조사
4	구자건	우리가 정말 알아야 할 환경상식 100가지	현암사
5	김봉석	공상이상 직업의 세계	한겨레
6	김용규	철학 통조림 시리즈	김영사주니어
7	김 훈	남한산성	학고재
8	김 훈	칼의 노래	문학동네
9	문선이	지엠오 아이	창비
10	밀드레드 테일러	천둥아, 내 외침을 들어라	내인생의책
11	박상률	봄바람	사계절
12	박완서	못 가본 길이 더 아름답다	현대문학
13	박완서	자전거 도둑	다림
14	베르나르 베르베르	나무	열린책들
15	벤 카슨	벤 카슨의 싱크빅	솔라피데
16	사이토 다카시	세계사를 움직이는 다섯 가지 힘	뜨인돌
17	생텍쥐페리	어린 왕자	더클래식
18	손연자	까망머리 주디	푸른책들
19	스티븐 코비	성공하는 10대들의 7가지 습관	김영사
20	스펜서 존슨	선물	랜덤하우스코리아
21	신경숙	엄마를 부탁해	창비
22	신영복	감옥으로부터의 사색	돌베개
23	안도현	연어	문학동네
24	안도현	짜장면	열림원
25	안소영	책만 보는 바보	보림출판사

26	요안나 슈테판스카 외	가슴 뛰는 삶의 이력서로 다시 써라	바다
27	위기철	아홉 살 인생	청년사
28	유시민	거꾸로 읽는 세계사	푸른나무
29	이동민 옮김	탈무드	인디북스
30	이문열	금시조	휴이넘
31	이순원	19세	세계사
32	이원복	먼 나라 이웃 나라 시리즈	김영사
33	임철우	그 섬에 가고 싶다	살림
34	장 지글러	왜 세계의 절반은 굶주리는가	갈라파고스
35	장 지오노	나무를 심은 사람	두레
36	제인 구달	희망의 이유	궁리
37	정재승	과학 콘서트	동아시아
38	조세희	난장이가 쏘아 올린 작은 공	이성과힘
39	주디 L. 해즈데이	오프라 윈프리 이야기	명진
40	채만식	태평천하	북앤북
41	최인훈	광장	문학과지성사
42	최재천	과학자의 서재	명진
43	포리스트 카터	내 영혼이 따뜻했던 날들	아름드리미디어
44	하퍼 리	앵무새 죽이기	문예출판사
45	한비야	그건 사랑이었네	푸른숲
46	현기영	지상에 숟가락 하나	실천문학사
47	홍세화	나는 빠리의 택시운전사	창비
48	홍세화	쎄느강은 좌우를 가르고 한강은 남북을 가른다	한겨레신문사
49	황석영	아우를 위하여	다림
50	황선미	마당을 나온 암탉	사계절

📖 참고자료

1. 와이즈만 네이버 공식 블로그 교육정보 〈2013, 2009 개정교육과정의 시작〉, 2012. 5. 11일자 참조

2. http://m.blog.naver.com/psk2177/20170740095 〈융합인재교육이란?〉, 2012.11.12 참조

3. 박신식, 웅진 홈스쿨 초등 V-zine, 2013년 3월호 기획특집에서 발췌 인용, 2013. 3. 28

4. 윤정민, 한국 초·중·고 학생 독서실태, 조선일보 기사, 2012.1.17일자

5. http://naver.com 네이버 국어사전 참조

6. http://m.blog.naver.com/tjsql73/20087097741 〈창의적 책 읽기〉 부분 인용 2009. 8. 21

7. 황정현 외(2011), 독서지도 어떻게 할 것인가 1, 에피스테메

8. 임성미(2012), 중학생의 책 읽기, 한겨레에듀

9. 장 자끄 상뻬 글·그림(2009), 얼굴 빨개지는 아이, 별천지

10. 가톨릭대학교 우석독서교육연구소(2008), 독서지도의 정석, 글로연

11. 이영규 외 4명, 학습용어 개념사전, 2010. 8. 5, ㈜북이십일 아울북

12. 양귀자(2012), 원미동 사람들, 쓰다

13. 이희재·박재동 외(2003), 십시일반, 창비

13. 바바라 G·워커(2002), 흑설공주 이야기, 뜨인돌

14. 피천득(2013), 중고생들이 꼭 읽어야 할 한국 대표 수필 75, 리베르

15. EBS 수능특강 국어영역 A형 비문학 지문 인용

16. 윤흥길(2007), 아홉 켤레의 구두로 남은 사내, 휴이넘

17. 박완서(2008), 엄마의 말뚝, 휴이넘

18. 한우리독서문화운동본부(2010), 독서교육론·독서지도방법론, 위즈덤북

19. 김수업(2008), 한 푼도 못 되는 그놈의 양반(박지원 원작), 나라말

20. 정출헌(2009), 어두운 눈을 뜨니 온세상이 장관이라(심청전), 나라말

21. 이재진(2010), 과학 교과서, 영화에 딴지를 걸다, 푸른숲주니어

22. 마르셀 에메(2002), 착한 고양이 알퐁소, 작가정신

23. 통계청, 2013 청소년 통계, 2013.5월

24. MBTI성격유형검사, 한국가이던스, 한국심리상담소

25. 가드너의 다중지능, 한국가이던스, 한국심리상담소

26. 홀랜드 검사, 한국가이던스, 한국심리상담소

27. 홀랜드 검사, http://bolg.naver.com/go-ysc, 2013.8.20 부분인용

28. 임성미(2013), 내 꿈을 열어주는 진로독서, 꿈결

29. 한비야(2005), 지도 밖으로 행군하라, 푸른숲

30. http://bolg.naver.com/go-ysc, 2013.8.20 부분인용

31. 최재천(2001), 생명이 있는 것은 다 아름답다, 효형출판

32. 김현영 · 김청자(2013), 중 · 고등학생의 다중지능, 인지전략이 학업성취에 미치는 영향 연구, 청소년시설환경 별쇄본 제11권 제3호.

33. 생텍쥐페리(2008), 야간비행, 현대문화센터

34. 김연아(2010), 김연아의 7분 드라마, 중앙출판사

📖 본문 인용출처

1. 와이즈만 영재교육 네이버 공식 블로그, 2012. 5. 11 HOT교육뉴스

2. 네이버 블로그, 2012.11.12

3. 박신식, 2013. 3. 28, 웅진 홈스쿨 초등 V-zine, 2013년 3월호 기획특집

4. 와이즈만 영재교육 공식 블로그, 2012. 5. 11 HOT교육뉴스

5. 황정현 외 (2011), 독서지도 어떻게 할 것인가 1, 에피스테메

6. 윤정민, 2012. 1. 17, 조선일보−한국 초 · 중 · 고 학생 독서실태

7. 2009. 8. 21, http://m.blog.naver.com/tjsql73/20087097741 인용

8. 황정현 외(2011), 독서지도 어떻게 할 것인가 1, 에피스테메

9. 임성미(2012), 중학생의 책 읽기, 한겨레에듀

10. 가톨릭대학교 우석독서교육연구소(2008), 독서지도의 정석, 글로연

11. 가톨릭대학교 우석독서교육연구소, 독서지도의 정석, 글로연

12. 학습용어 개념사전, 이영규 외 4명, 2010. 8. 5, ㈜북이십일 아울북

13. 독서지도의 정석, 배경지식 활성화 방법 부분 인용

14. 독서지도의 정석, 부분 인용

15. 독서지도의 정석, 부분 인용

16. 독서지도의 정석, 부분 인용

17. 독서지도의 정석, 부분 인용

18. 독서지도의 정석, 부분 인용

19. 독서지도의 정석, 부분 인용

20. 가톨릭대학교 우석독서교육연구소, 독서지도의 정석, KWL 전략 인용; 한우리 독서문화운동본부(2010), 독서지도방법론, 위즈덤북

21. 독서지도의 정석, 비판적 읽기 부분 인용

22. 독서지도의 정석, 초인지 활용편 인용

23. 2013 청소년 통계, 2013년 5월

24. 네이버 두산백과

25. 네이버 두산백과

26. 임성미(2013), 내 꿈을 열어주는 진로독서, 꿈결 부분인용

27. 네이버 지식백과

28. 문용린 · 유경재 옮김(2007), 다중지능(하워드 가드너), 웅진 지식하우스

29. 김현영 · 김청자(2013), 중 · 고등학생의 다중지능, 인지전략이 학업성취에 미치는 영향 연구, 한국청소년시설환경학회 별쇄본 제11권 제3호

30. 임성미(2013), 내 꿈을 열어주는 진로독서, 부분 발췌

31. 임성미(2013), 내 꿈을 열어주는 진로독서, 부분 발췌

32. 서동오, 2009/10/03, 직업상담사, blog.naver.com/wind0631

제 **4** 장

중학생을 위한 진로프로그램

1 자기이해를 돕는 활동지

활동지 1-1

나는 어떤 사람일까요?

1. 내가 보는 나와 다른 사람이 보는 나

① 스티커를 활용하여 각 칸에 스스로 점수를 매기도록 해 봅시다.

매우좋음 ♡♡♡♡♡　　　좋음 ♡♡♡♡　　　보통 ♡♡♡　　　약함 ♡♡　　　부족 ♡

특성	나의 점수	특성	나의 점수
정직하다.		협동심이 있다.	
남의 이야기를 잘 들어준다.		복장이 단정하다.	
상식이 풍부하다.		학교를 좋아한다.	
친구를 쉽게 사귄다.		운동을 좋아한다.	
재미있다.		음악을 좋아한다.	
긍정적이다.		정리를 잘한다.	
책임감이 있다.		인사를 잘한다.	

2. 다른 사람이 보는 나

② 스티커를 활용하여 각 칸에 스스로 점수를 매기도록 해봅시다.

특성	나의 점수	특성	나의 점수
정직하다.		협동심이 있다.	
남의 이야기를 잘 들어준다.		복장이 단정하다.	
상식이 풍부하다.		학교를 좋아한다.	
친구를 쉽게 사귄다.		운동을 좋아한다.	
재미있다.		음악을 좋아한다.	
긍정적이다.		정리를 잘한다.	
책임감이 있다.		인사를 잘한다.	

3. 비교해 보기

① 나의 판단과 가족/친구의 판단 점수가 일치하는 특성

② 나의 판단에 비해 가족/친구의 판단 점수가 낮은 특성

③ 나의 판단에 비해 가족/친구의 판단 점수가 높은 특성

④ ♡♡♡♡♡와 ♡ 특성 정리하기

4. 활동 이후 느낀 점 쓰기

내 성격은 어떤가요?

다음 상자 안의 단어들은 성격 특성을 나타내는 단어들입니다. 이 단어들을 참고하여 아래의 물음에 답하세요.

소박한, 말이 적은, 고집이 있는, 단순한, 직선적인, 남성적인, 솔직한, 성실한, 검소한, 지구력 있는, 신체적으로 건강한, 탐구심 많은, 논리적인, 분석적인, 합리적인, 지적 호기심이 많은, 비판적인, 집중하는, 신중한, 내성적인, 수줍음을 잘 타는, 개성 있는, 상상력이 풍부한, 감수성이 풍부한, 자유분방한, 개방적인, 감정이 풍부한, 독창적인, 협동적이지 않은, 사람들과 어울리기 좋아하는, 친절한, 이해심 많은, 남을 잘 돕는, 봉사를 좋아하는, 인정이 많은, 따뜻한, 이상주의적인, 지배적인, 통솔력 있는, 리더십이 있는, 말을 잘하는, 설득적인, 주장이 강한, 경쟁적인, 야심 있는, 외향적인, 낙관적인, 열성적인, 정리정돈을 좋아하는, 계획성 있는, 조심성 있는, 세밀한, 빈틈없는, 안정적인 것을 좋아하는, 완고한, 책임감이 강한, 성실한

① 위의 상자 안의 단어 중 나의 성격을 잘 나타내는 단어를 골라 빨간색 색연필로 동그라미 표시를 해 보세요.

② 주변 사람들(가족, 친구, 선후배 등)에게 위의 단어들 중 나의 성격과 일치하는 단어를 골라서 파란색 색연필로 동그라미 표시를 해 달라고 부탁해 보세요.

③ 내가 생각하는 것과 주변 사람들이 생각하는 것 중 일치하는 것은 무엇이며 일치하지 않는 것은 무엇인지 적어 보세요.

• 일치하는 것 :

• 일치하지 않는 것 :

내 삶에서 중요한 것은?

대답은 '구체적으로' 적어 보세요.

① 지금까지 살면서 가장 의미 있었다고 생각하는 경험/일 세 가지

② 최근에 가장 만족감을 느꼈던 성취 경험 세 가지

③ 내가 자주 화가 나는 세 가지 상황

④ 나의 소원 세 가지

⑤ 내가 생각하는 행복이란?

⑥ 만일 10년 후에 죽는다고 가정했을 때 앞으로 죽기 전까지 꼭 해야만 하는 세 가지

~을 기꺼이 하시겠습니까?

1. **목적** : 결정에 대한 결과를 고려하여 현 상황과 새로운 대안 사이의 선택을 하기 위한 연습을 한다.
2. **준비물** : "~을 기꺼이 하시겠습니까?"의 목록, 필기도구
3. **활동 절차**
   ① 목록이 적힌 종이를 나눠 준다.
   ② 각 사람마다 결정을 내릴 때까지 충분한 시간을 준다.
   ③ 3명씩 1조를 만들어 자신이 선택한 것에 대하여 토론하도록 한다.
   ④ 집단별로 토의 과정과 결과를 발표한다.

※ 다음의 글을 읽고 답하세요.

1. 만일 여행에 드는 모든 비용이 지불된다면 당신은 기꺼이 모든 활동을 중지하고 친구와 가족을 떠나서 1년 동안 세계 여행을 즐기시겠습니까?

2. 사람과 접촉하지 않고 6개월 동안 무인도에 가서 사시겠습니까? 물론, 의료상의 목적을 위해서 비상용 무선전화는 준비되어 있습니다. 당신은 그 섬을 음식, 음료수, 책, 오락물 등 당신이 원하는 모든 것으로 가득 채워 놓을 수 있습니다. 그러나 애완용이건 아니건 동물은 가져갈 수 없습니다. 6개월 후에는 당신의 경험에 관한 영화에서 배우가 되거나 또는 당신의 경험에 관한 책을 써서 베스트셀러가 되든지 둘 중 하나를 선택하면 됩니다.

3. 학교를 그만두고 지금까지는 당신이 알지 못했던 친척이 소유하고 있는 가구 공장에 견습공으로 취직하지 않으시겠습니까? 이 친척은 3년 안에 당신을 당신이

원하는 어떤 한 분야, 즉 광고, 판매, 이사 등의 어느 부서에서 최고 경영자로 진급시켜 주겠으며 10년 안에 자신은 은퇴하고 회사의 사장 자리를 물려주겠다고 당신에게 말했습니다. 그는 그때가 되면 당신의 연 수입이 8,000만 원이 넘을 것이며 부수입도 있을 것이라고 약속했습니다. 이 회사는 지방의 작은 촌에 위치하고 있습니다.

4. 시간의 '정지' 상태로 들어갔다가 300년 후에 다시 생을 찾게 되는 그런 실험 집단의 일원이 되시겠습니까? 이 과정은 완벽하며 당신이 준비할 시간은 1년입니다. 이 계획을 당신에게 말한 과학자는 그때쯤에는 지구 상에 병이 완전히 제거될 것이며, 당신은 의심할 바 없이 그 세기의 명사가 될 것이라는 점을 지적했습니다. 만일 당신이 가장 좋아하는 2명의 친구가 동참한다면 당신은 이 계획을 더 매력 있는 것으로 받아들이시겠습니까?

5. 여생 동안 안경을 쓰지 않기 위해서 1년 동안 TV, 라디오, 카세트, 영화 등의 관람 및 청취를 금지해야 한다면 그렇게 하시겠습니까?

6. 은행에서 10억 원을 털다 잡히면 3년 동안 감옥살이를 할 것이라는 사실을 알지만 잡히기 전에 훔친 돈을 당신만 아는 장소에 숨겼다가 나중에 감옥에서 나오면 찾아서 평생 동안 쓸 수 있다면 은행을 터시겠습니까? 물론 은행은 보험에 들어 있으므로 예금자들이 저축한 돈을 잃는 것은 아니라는 사실을 아시겠지요.

7. 언론, 출판, 종교 및 사적인 운동의 자유를 엄격하게 통제하는 나라에서 그 나라 국민들의 생활상을 연구하여 발견한 것을 우리나라 정부에 보고하기 위하여 일정 기간 그런 나라에 가서 살아 보시겠습니까? 이것은 간첩활동이 아니라 자유를 박탈당한 사람들의 생활방식을 연구하기 위한 중요한 임무입니다.

8. 당신에게 보다 좋은 학교, 보다 건강한 환경 등이 갖추어진 좋은 개인 생활 조건을 제공하기는 하지만 거기에 산 지 5년이 넘지 않은 당신은 '국외자'이기 때문에 별로 인기도 얻지 못하고 또 친구를 사귀지 못한다고 하면 그런 동네로 이사를 가겠습니까?

일기 연습 및 계약서

1. **목적** : 참여자들이 매일 어느 정도로 자신의 가치에 따라 행동하는지에 대하여 의식하게 하고, 강한 의지를 가지고 실행하도록 돕는다.
2. **준비물** : '자기 실천 일기' 워크시트, 계약서, 필기도구
3. **활동 절차**

　① '자기 실천 일기' 워크시트와 필기도구를 참여자들에게 나눠 준다.

　② 인적사항을 기재하도록 한다.

　③ 일정 시간 동안 자신에게서 개선하고 싶은 사항이나 하고 싶은 일을 한 가지 생각하여 해당란에 기재하게 한다(예1 : 게임을 하지 않는다. 예2 : 탄산음료를 먹지 않는다.).

　④ 이를 달성하기 위한 구체적인 세부 실천사항을 5~6개 정도 써 본다(예1 : 친구들과 만날 때 놀이터에 나간다, 친구와 축구를 한다. 예2 : 탄산음료 대신 물을 먹는다, 과일을 먹거나 껌을 씹는다.).

　⑤ 기록이 끝난 후 참여자 한 사람씩 차례대로 발표한다.

　⑥ 계약서와 필기도구를 나눠 준다.

　⑦ 계약서를 작성한다.

　⑧ 다음 모임까지 실천하고 일기를 작성해 올 것을 다짐한다.

1. 일정 기간 자신에게서 개선하고 싶은 사항이나 하고 싶은 일을 한 가지 생각하여 아래에 기재해 보세요.

예
1. 부끄러움을 극복한다.　　　　　　　　　2. 친구와의 우정을 돈독히 한다.

개선하고 싶은 사항 :

2. 이를 달성하기 위한 구체적인 세부 실천사항을 5~6개 정도 써 보세요.

> **예**
> 1. 식당에 혼자 간다. 지하철 옆 좌석에 앉은 사람에게 말을 건다.
> 2. 친구에게 엽서 보내기, 하루에 한 명씩 안부전화하기

①

②

③

④

⑤

⑥

3. 이를 바탕으로 일주일간 실천 일기를 작성해 보세요.

〈활동지 1-5 워크북〉

집단명			별칭		이름	
개선사항(또는 하고싶은 일)			① ②			
요일(날짜)			실천 내용		느낀점	
월(/)	1					
	2					
화(/)	1					
	2					
수(/)	1					
	2					
목(/)	1					
	2					
금(/)	1					
	2					
토(/)	1					
	2					
일(/)	1					
	2					

계 약 서

학교   학년   반

이름 :

　나는(은) _____과_____을(를) 하기 위하여 매일 하루에 한 가지 이상 이를 위한 실천을 행하고 그 내용을 기록할 것을 나 자신과 참여자 앞에서 엄숙히 서약합니다.

년   월   일

계약자 _____ ㉑

가치관 경매

1. 활동목표

- 자신의 행동이나 전체 생활에 영향을 미치는 중요한 가치관을 확인해 본다.
- 자신이 중요하다고 생각하는 가치를 경매활동을 통해서 표현하고 확립시킨다.

2. 준비물

활동자료, 필기도구, 가치항목카드(활동을 돕는 용도)

3. 활동내용

준비

- 최근에(6개월 전이나 3개월 전) 시간과 돈과 정열을 들여 몰두했던 것 세 가지를 생각하게 한다.
- 활동자료의 가치관 예시문을 돌아가며 읽게 한다.

활동

- 여기에는 돈을 주고 살 수 없는 가치들이 있음을 알려 주고 본인이 정말로 가치 있다고 생각하는 항목들을 선정하여 투자하되 그 가치에 할당하고 싶은 금액을 할당해 보도록 한다.
- 할당이 끝나면 경매에 들어가는데 적은 액수를 투자한 사람부터 손을 들어 액수를 부르면 최고 금액에 낙찰됨을 알린다.
- 20항목을 입찰하여 최고 금액을 낙찰시킨다.
- 나의 할당금액은 비교하지 않고 최고 입찰액은 변화될 수도 있음을 알린다. 즉, 재투자를 할 수 있는 기회가 있음을 알린다.
- 할당과 경매와 낙찰을 통하여 느낀 점을 이야기한다.

- 최고의 낙찰액과 많은 가치를 낙찰한 사람의 느낌도 나눈다.
- 하나도 낙찰되지 못한 사람도 심정을 말하게 한다.

정리

- 이 프로그램 전체에 대해 배운 점과 느낀 점을 이야기한다.
- 자신의 태도를 정리해 보는 기회가 된다. 즉, 자신이 생각하는 가치관과 실제 생활에서의 가치관이 다를 수가 있다. 실제 가치관은 자신이 되풀이하는 정도, 시간, 돈, 노력 등을 투자하는 정도에 의해서 결정된다. 정도가 낮은 것은 하나의 소망, 의견, 생각 등에 불과할 수 있다.
- 자신의 가치관을 탐색하고 확립하기 위하여 노력할 점들을 의미하는 기회가 된다. 즉, 충동구매, 상황 파악, 판단 미숙 등에 대해 재다짐한다.
- 살아가는 순간순간이 결정과 선택의 연속이므로 가치가 확고 · 명료해야 혼란스럽지 않음을 안다.
- 가치관은 그 사람의 경험, 환경, 인식 등에 의해 달라질 수 있음을 알았다.
- 추구하는 삶을 위한 준비자세가 형성된다.
- 절대적인 가치관이 위험할 수도 있다는 것을 안다.
- 자신이 추구하는 가치관을 확인하고 가치관이 명료화된다.

유의사항

- 경매자는 경매를 붙일 때 흥미를 돋울 수 있게 한다.
- 가치관 항목을 모두 이해하도록 필요한 경우에는 설명한다.
- 경매에 대해서 잘 모르는 사람들에게는 납득할 수 있도록 설명한다.
- 경매할 때 가치관 항목을 차례대로 해도 좋고 순서를 바꿔 가며 할 수도 있다.
- 할당 시 선택해야 함을 알린다.
- 장난이나 소란스럽지 않게 한다.
- 활동자료란의 할당금액 기록란 활용을 설명한다.

<화동지 1-6 워크북>

가치관 경매

1. 최근에 정열과 돈을 들여 몰두한 일 세 가지는?

2. 가치항목

가치관	나의 할당액	나의 최고 입찰액	낙찰자 및 최고 낙찰액
1. 만족스러운 결혼(결혼)			
2. 원하는 것을 할 수 있는 자유(개인적 자율성)			
3. 나라의 운명을 좌우할 수 있는 기회(권력)			
4. 친구와의 존경과 사랑(사랑 · 우정)			
5. 삶을 긍정적으로 볼 수 있는 완전한 자신감(안전감)			
6. 행복한 가족관계(가정)			
7. 세계 제일의 매력적인 사람으로 인정받음(용모)			
8. 병 없이 오래 사는 것(건강)			
9. 개인 전용의 완벽한 도서실(지식)			
10. 만족스러운 종교적 신앙(종교)			
11. 전적으로 즐길 수 있는 한 달간의 휴가(여가)			
12. 일생 동안의 경제적 안정(안정)			
13. 자연을 후손에게 물려주는 세상			
14. 질병과 궁핍을 제거하는 기회(애타심)			
15. 국제적인 명성과 명예로움			
16. 인간적 가치를 포용하는 삶(인간존중)			
17. 부정과 속임이 없는 세상(정직)			
18. 순리가 지켜지는 세상			
19. 진정한 사람과의 관계(폭넓은 의미)			
20. 선택한 직업에서의 성공(직업적 성취)			

3. 경매 전의 가치관과 경매 후의 가치관을 비교하여 느낀다.

4. 내가 가치 있다고 생각하는 세 가지

　　① 나는 (　　　　　　　　　　　　　　)을 가치 있다고 생각한다.

　　② 나는 (　　　　　　　　　　　　　　)을 가치 있다고 생각한다.

　　③ 나는 (　　　　　　　　　　　　　　)을 가치 있다고 생각한다.

흥미검사로 본 나의 이해

실재형	탐구형	예술형
□ 강건한 □ 순응하는 □ 물질주의적인 □ 완고한 □ 실재적인 □ 현실적인 □ 엄격한 □ 안정적인 □ 무뚝뚝한 □ 검소한	□ 비판적인 □ 호기심 많은 □ 독립적인 □ 지적인 □ 논리적인 □ 수학적인 □ 방법적인 □ 합리적인 □ 과학적인	□ 창의적인 □ 비우호적인 □ 정서적인 □ 표현적인 □ 비현실적인 □ 독립적인 □ 혁신적인 □ 통찰력 있는 □ 자유분방한 □ 예민한
손이나 도구를 사용하여 일하기, 물건을 수선하거나 만드는 일, 공구나 기계를 다루는 기술직	수학 · 물리학 · 생물학 · 사회과학과 같은 학문분야에서 연구, 추상적인 문제 풀기, 분석적인 사고, 복잡한 원리나 방법 이해하기	자신을 표현하기, 작가 · 음악가 · 연극인과 같은 예술적인 창의성, 미술 · 문학 · 희곡작품 창작
점수 : ( )+( )=( )	점수 : ( )+( )=( )	점수 : ( )+( )=( )
사회형	기업형	관습형
□ 수용적인 □ 배려하는 □ 공감적인 □ 우호적인 □ 도움을 주는 □ 친절한 □ 설득적인 □ 책임질 수 있는 □ 가르치는 □ 이해하는	□ 야망 있는 □ 분명한 □ 자기주장적인 □ 확신하는 □ 결정을 잘하는 □ 지배적인 □ 열성적인 □ 영향력 있는 □ 설득적인 □ 생산적인	□ 조직화된 □ 책임질 수 있는 □ 효율적인 □ 질서정연한 □ 순응하는 □ 실재적인 □ 정확한 □ 체계적인 □ 보수적인 □ 잘 통제된
다른 사람들과 협력하여 일하기, 다른 사람들의 복지에 대한 관심, 사람들을 교육하거나 치료하는 일	개인과 조직의 목적을 위해 타인의 지도 · 통제 · 설득 · 권력 · 지위 · 성취에 대한 야망과 열정, 판매업 · 매매업 · 정치 등의 활동	세부적이고 질서정연한 것, 자료의 체계적인 정리, 자신에게 기대되는 것이 무엇인지, 정해진 일이 무엇인지 정확히 구조화된 일
점수 : ( )+( )=( )	점수 : ( )+( )=( )	점수 : ( )+( )=( )

결과 : 나는 (   ) 유형

진로의사결정 검사

○ 또는 ×로 체크

1. 나는 중요한 결정을 할 때 매우 체계적으로 한다. (　)

2. 나는 중요한 결정을 해야 할 때, 누군가가 올바른 방향으로 이끌어 주었으면 좋겠다고 생각한다. (　)

3. 나는 즉각적인 판단에 따라 현재 내 입장에 맞춰서 일을 결정한다. (　)

4. 나는 대체로 미래보다는 현재의 입장에 맞춰서 일을 결정한다. (　)

5. 나는 모든 정보를 수집할 수 없다면 중요한 결정을 좀처럼 하지 않는다. (　)

6. 나는 왜 그렇게 결정했는지 이유를 모르겠지만 곧잘 올바른 결정을 한다. (　)

7. 나는 어떤 결정을 할 때 그것이 나중에 미칠 결과까지도 고려한다. (　)

8. 나는 어떤 결정을 할 때 친구의 생각을 중요시한다. (　)

9. 나는 남의 도움이 없이는 중요한 결정을 하기가 정말 힘들다. (　)

10. 나는 중요한 결정이라도 매우 빠르게 결정한다. (　)

11. 나는 어떤 결정을 할 때 내 자신의 감정과 반응을 따른다. (　)

12. 나는 내가 좋아서 결정하기보다는 남의 생각에 따라 결정하는 경우가 많다. (　)

13. 나는 충분한 시간을 두고 생각을 한 후에 결정을 한다. (　)

14. 나는 어떤 일을 점검하거나 사실을 알아보지도 않고 결정하는 경우가 많다. (　)

15. 나는 친한 친구의 상의 없이는 어떤 일이든 좀처럼 결정하지 않는다. (　)

16. 나는 결정하는 것이 어려워 그것을 연기하는 경우가 많다. (　)

17. 나는 중요한 결정을 해야 할 때 우선 충분한 시간을 갖고 계획을 세우며 실천할 일을 골똘히 생각한다. (　)

18. 나는 결정에 앞서 모든 정보가 확실한지 아닌지를 재검토한다. (　)

19. 나는 진지하게 생각해서 결정하지 않는다. 즉, 마음속에 있던 생각이 갑자기 떠올라 그에 따라서 결정한다. (　)

20. 나는 중요한 일을 할 때 미리 주의 깊은 세밀한 계획을 세운다. (　)

21. 나는 다른 사람들의 많은 격려와 지지가 있어야만 어떤 일을 결정할 수 있을 것 같다. (　)

22. 나는 어떤 일을 결정한 후에 대개 그 결정이 내 마음에 들지 안 들지에 대해서 상상해 본다. (　)

23. 나는 평판이 좋을 것 같지 않은 결정은 해 봤자 별 의미가 없다고 생각한다. (　)

24. 나는 내가 내리는 결정에 합리적인 이유를 따질 필요가 없다고 생각한다. (　)

25. 나는 올바른 결정을 하고 싶기 때문에 성급하게 결정을 하지 않는다. (　)

26. 나는 어떤 결정이 만족스럽다면 그 결정을 옳은 것으로 여긴다. (　)

27. 나는 훌륭한 결정을 내릴 자신이 없어 대개 다른 사람의 의견에 따른다. (　)

28. 나는 내가 내린 결정 하나하나가 최종목표를 향해 발전해 나가는 단계라고 곧잘 생각한다. (　)

29. 약속은 주로 통보받아 이루어지는 편이다. (　)

30. 나는 어떤 결정을 하기 전에 그 결정이 가져올 결과에 대하여 가능한 한 많이 알아 두고 싶다. (　)

결과 : 나는 (　　　　　　)유형이며, 이 결과에 (만족, 불만족)합니다.

◆ **진로의사결정 검사 채점**

유형	해당 번호
합리적 유형	1, 5, 7, 13, 17, 18, 20, 25, 28, 30번 ➡ ○
의존적 유형	2, 8, 9, 12, 15, 16, 21, 23, 27, 29번 ➡ ○
직관적 유형	3, 4, 6, 10, 11, 14, 19, 22, 24, 26번 ➡ ○

진로정보 검색을 돕는 활동지

활동지 2-1

심리검사를 통한 나의 이해

성명 :

1. 직업흥미검사

관심 있는 직업의 세부적인 정보를 알아보고 싶거나, 다른 직업흥미검사를 해 보고
싶은 사람은 인터넷을 이용하여 다음 홈페이지를 방문해 보세요.

• 워크넷 : http://www.work.go.kr

• 커리어넷 : http://www.career.go.kr

2. 나의 흥미검사 점수

직업분야	과학전문	과학숙련	공학전문	공학숙련	소비경제	농업천연	경영전문	경영숙련	사무	언론	예술전문	예술숙련	봉사전문	봉사숙련	정보통신	컴퓨터
%	%	%	%	%	%	%	%	%	%	%	%	%	%	%	%

3. 백분위 점수가 가장 높은 직업분야를 3~4개 정도 써 보세요.

4. 검사결과와 관련하여 높은 흥미도를 갖고 있는 분야의 직업들 중에서 좀 더 자세히 알고 싶은
직업 다섯 가지 정도를 적어 보고 직업에 관한 정보를 워크넷의 직업사전에서 찾아봅시다.

직업명	하는 일

〈활동자료〉

어떤 직업들이 있을까?

과학분야	전문직	과학분야의 연구를 계획하고 수행한다. 수학, 의학, 생물학, 물리학 등과 관련된 분야에서 체계적인 지식을 축적하며 이를 활용한다.	**의학·생물학** : 농경학자, 해부학자, 인류학자, 생화학자, 생물학자, 생의학기술자, 식물학자, 생태학자, 곤충학자, 유전학자, 해양생물학자, 미생물학자, 신경학자, 고생물학자, 병리학자, 약리학자, 생리학자, 실험심리학자, 방사선학자, 영양학자, 외과의사, 비뇨기과의사, 수의사, 동물학자
			수리과학 : 보험통계전문가, 응용통계학자, 재무분석자, 금융경제학자, 수학자, 이론물리학자, 수리통계학자, 중량분석가
			물리·화학 : 고고학자, 천문학자, 화학자, 기후학자, 지리학자, 지질학자, 지구물리학자, 수문(水文)학자, 기상학자, 해양학자, 암석학자, 약학자, 물리학자, 핵물리학자, 토양학자
	숙련직	사실을 관찰, 분류하는 등의 연구보조 활동을 하거나 의학, 생물학, 물리학 등의 지식을 적용하는 일을 한다.	**의학·생물학** : 앰플검사원, 생물학실험실 보조원, 검사관, 세포공학기술자, 치과 실험실 기술자, 심전도기사, 방부처리사, 산업위생사, 산업안전조사원, 산업폐기물검사원, 의료실험실 기술자, 검안사, 광학기구기술공, X-ray 기사
			물리·화학 : 화학기술공, 범죄실험실분석가, 식·약품 조사원, 조직검사원, 유리검사원, 광학용품 검사원, 실험실기술자, 기계검사원, 계량기검사원, 검침원, 해충박멸원, 환경기술자, 공정검사원, 의약품 품질관리원, 실험실보조원, 약사보조원, 토지측량사, 폐수처리원, 기상관측가, 품질관리시술자, 초음파기술자
경영분야	전문직	사업체나 정부기관에서 조직, 행정, 효율화에 대해 책임을 가진다. 재무, 회계, 관리, 경영촉진활동 등이 포함된다.	**재정** : 회계사, 세무사, 회계감사원관리자, 신용대부분석가, 경제학자, 경영분석가, 시장조사연구원, 회계출납대표
			관리/촉진 : 은행관리자, 판매관리자, 예산관리원, 계양전문가, 부사장, 외교업무담당자, 병원관리자, 노동관계전문가, 공항지배인, 호텔레스토랑지배인, 인사 사무관리자, 극장지배인, 경찰국장, 정치학자, 우체국장, 기업체사장, 기업체부사장, 생산관리자, 국무장관, 고급공무원, 도시계획기술자
	숙련직	판매, 판촉, 마케팅을 포함하여 영업촉진과 관련된 재정 및 조직활동이 포함된다.	**재정** : 감정사, 자동차보험 손해사정인, 부동산감정사, 바이어, 신용조사원, 신용조사관리자, 구매대리인
			촉진/영업 : 행정보조원, 골동품 판매원, 경매사, 부동산중개인, 고객서비스전문가, 신문 판매원, 전당포관리자, 영업사원, 자동차용품 판매원, 화장품 판매원, 매점 판매원, 유가증권 매매원, 증권거래소관리자, 가전제품 판매원, 남녀의류 판매원, 광고외무원, 보험설계사, 서적간행물 판매원 등 각종 판매원

분야	설명	세부 분류
언론 문학 분야	문학작품을 창작 또는 해석하거나, 자신의 생각과 지식을 말이나 글로 표현하는 등 언어의 사용과 관련된 영역이다.	**문어** : 기록보관원, 서지학자, 자유기고가, 카피라이터, 편집자, 평론가, 역사학자, 도서관 사서, 유머작가, 정보분석가, 문헌학자, 극작가, 시인, 보도기자, 방송작가, 소설가, 수필가, 번역가
		구어 : 아나운서, 뉴스캐스터, 통역사, 판사, 변호사
소비자 경제 분야	음식·음료의 조리와 포장, 의류·직물의 제작 및 손질 등에 관련된 일을 한다.	**식품 생산** : 제빵원, 도축입자, 양조업자, 통조림검사원, 급식제공업자, 치즈제공, 주방장, 요리사, 양식요리사, 영양사, 영양연구가, 어류훈제공, 음료품질 관리원, 과일등급분류원, 냉동조작공, 육류등급분류원, 주방종업원, 정육점종업원, 저장식품제조공, 저온살균가, 소시지제조공, 담배혼합공
		직물 생산 : 재봉사, 텐트제조공, 카펫설치공, 구두수선공, 재단사, 절단기 조작원, 염색공, 드라이크리닝원, 자수기 운전원, 부조세공업자, 천공기조작원, 모피세탁원, 모자제조원, 편물기조작원, 가죽세공원, 직조공, 종이절단공, 압착기 조작원, 인쇄기 조작원, 날염공, 세탁소 관리자, 맞춤 양복사, 가구수선공
농업 천연 자원 분야	기본적으로 야외에서 수행되는 활동이다. 농업·임업·어업·광업 등의 영역에서 식물·동물을 기르고 돌보며, 곡물을 경작하고, 천연자원을 수집하는 등의 활동이 포함된다.	**농업** : 농업기술자, 동물사육사, 동물조련사, 양봉가, 양식업자, 농장주, 수경재배자, 낙농연구원, 환경과학자, 농부, 과수원관리자, 농장감독, 농기계운전원, 낙농장 종사원, 목초재배자, 말목장주, 원예가, 가금학자, 종자분석가, 토양검사원, 토양학자, 트렉터 운전원, 벌채원, 벌채노무자, 나무의사, 수의사보조원, 벌레양식자
		기타 1차 산업 : 선원, 갑판선원, 잠수부, 산불감시원, 어부, 임업종사원, 산림소방감독, 해조류 채취원, 정원사, 통나무 분류감독, 항해사, 광부
사무직	문서나 자료를 기록, 정리, 보관하는 등의 일로 세심한 주의력, 정확성, 깔끔함, 질서정연함, 빠른 일처리 등을 필요로 한다. 일반 사무업무와 대고객업무 등이 포함된다.	**고객 상대** : 예약사무원, 경리계원, 고객불만처리사무원, 전화교환원, 고용담당사무원, 인사담당사무원, 비서, 전문비서(법률, 의료), 안내원, 대출상담원, 구매담당사무원, 우체국직원, 접수계원, 속기사, 출납계원(은행), 병동사무원
		분류/계산 : 결산담당원, 일반직사무원, 회계사무원, 타이피스트, 계산기조작원, 색인목록사서, 서류정리원, 보험계원, 우편물 발송·분류계원, 의료기록사무원, 급료지불계원, 재고담당원
예술 분야 — 전문직	음악, 미술, 무용, 디자인, 연극·영화, 체육 등의 분야에서 개인적 재능을 발휘한다.	**오락/연기** : 배우, 코미디언, 영화감독, 편곡자, 지휘자, 작곡가, 가수, 무대감독, 연출가(TV, 라디오), 성악가, 연주자, 음악교사, 안무가, 무용교사, 패션모델, 무언극배기자, 프로운동선수, 체육교사
		미술/디자인 : 건축가, 미술감독(영화, TV), 의상 디자이너, 상품전시 디자이너, 큐레이터, 가구 디자이너, 모자 디자이너, 실내장식 디자이너, 보석 디자이너, 금속장식 디자이너, 조경사, 화가, 조각가, 미술교사
예술 분야 — 숙련직	사진, 산업미술 및 디자인 등의 영역에서 예술적 기능을 응용한다.	**인쇄미술** : 광고물 디자이너, 만화가, 필름검사공, 간판제작자, 산업디자이너, 식자공, 사진사, 인쇄매체전문가, 사진제판미술공
		디자인 : 색채전문가, 디스플레이어, 패션코디네이터, 화환디자이너, 회화복원기술자, 사진사, 영화촬영기사, 사진기자, 특수사진사(과학, 항공 등), 무대장식가, 박제사, 타일장식가

공학분야	전문직	제조, 건설, 운송분야에서 공학적 설계에 대한 책임을 갖는다.	**항공, 해양** : 기체역학자, 항공기술자, 대기분석원, 항공설계기술자, 항공기조종사, 선박건축기술자, 비행기술자, 비행교관, 헬리콥터조종사, 선박기술자, 항공사, 핵기술자, 응력분석가
			도시, 건설 : 도기기술자, 급수시설기술자, 토목기술자, 배수설계기술자, 고속도로관리기술자, 수력기술자, 관개기술자, 재료공학자, 위생공학기술자, 철도기술자, 구조기술자
			전기 : 전기공학자, 전기동력기술자, 전자기술자, 전력시스템개발기술자, 조명시스템설계기술자, 방송기술자, 극초단파기술자, 송신기술자
			기계, 화학 : 자동차기술자, 화학기술자, 다이설계사, 제조기술자, 기계공학자, 광산기술자, 석유화학기사, 품질관리기술자, 송신기술자
	숙련직	건설, 전자, 기계와 관련된 분야에서 건설, 제조, 설비 및 수리 등의 일을 숙련된 기술을 바탕으로 수행한다.	**건설** : 대장공, 폭파공, 벽돌공, 건설인부, 목공, 미장공, 건물수리공, 건축검사관, 제도사, 계량기설치원, 유리작업공, 페인트도장공, 도배공, 배관공, 석공, 시멘트기술자, 타일부착공, 승강기설치원
			전기 : 전기도금원, 기계수리원, 음향기기기술자, 송신기조작공, 컴퓨터수리원, 더빙기사, 전기기구수리원, 가전제품 수리원, 조명기술자(영화, TV), 전선설치·수리원, 영사기사, 무선국통신사, 녹음기사, 전화기수리·설치원, TV선 설치원
			기계 : 공기조절장치기계공, 조립공, 자동차기계공, 선박엔진기계공, 보일러제작공, 제본공, 불도저운전원, 크레인운전원, 절단기조작원, 엔진정비공, 농기계수리공, 가구부품조립공, 보석감정사, 렌즈연마기조작원, 공작기계조작공, 기계제작공, 오토바이수리공, 도장공, 판금노동자, 선박조립공, 중형트럭운전자, 시계제작자, 용접기계조작자
서비스분야	전문직	사회봉사, 보건, 교육 등의 분야에서 사람들의 욕구충족 및 복지와 관련해 높은 책무성을 갖는다.	**교사, 강사** : 운동선수 트레이너, 코치, 교육위원, 교육심리학자, 상담교사, 운동강사, 운전강사, 작업요법치료사, 교장, 장학사, 유치원교사, 초등교사, 중등교사, 직업훈련교사, 성인교육교사, 특수학교교사
			사회/보건 : 임상심리상담원, 지역사회단체 관리자, 노인학자, 간호사, 검안사, 물리치료사, 재활상담가, 정신과의사, 임상심리학자, 학교심리학자, 심리측정가, 경찰국장, 위생학자, 사회사업가
	숙련직	서비스, 사회봉사, 건강, 치안, 교통 등의 분야에서 사람들의 기호, 욕구, 복지를 충족시킨다.	**대인서비스** : 안내원, 수하물운반원, 이발사, 바텐더, 미용사, 캐디, 청소부, 배달원, 수위, 관광안내원, 급사장, 웨이터/웨이트리스, 가정부, 우편집배원, 메이크업아티스트, 여행사 안내원, 여객기 승무원, 사환
			사회/보건 : 앰뷸런스 운전기사, 보모·보육사, 응급처치기술자, 간호보조원, 간병인, 물리치료보조원, 레크리에이션지도자, 사회복지보조원
			보안, 수송 : 경호원, 정리(법정), 운전기사(버스, 자가용), 교도관, 경비, 소방대원, 순찰대원, 수영장 구조원, 주차관리원, 경찰관, 형사, 택시기사

컴퓨터 응용 분야	컴퓨터의 다양한 기능을 활용하여 설계, 가공, 창 작 등을 한다.	**설계 · 가공** : 전산응용설계기사(기능사), 전산응용가공기사(기능사), 컴퓨터그래픽 디자이너, 제품디자인 연구원, 컴퓨터 광고 디자이너, 컴퓨터 영상 디자이너, 웹 디자이너, 컴퓨터 편집가
		창작 및 기타 : 컴퓨터 아티스트, 컴퓨터 음악가, 컴퓨터 검사 개발자, 컴퓨터 애니메이터, 교육용 소프트웨어 개발자, 컴퓨터 강사, 정보검 색사, 전산통계자료분석가
전산 정보 통신 분야	정보의 생산, 관리, 교 환 등을 목적으로 컴퓨 터 소프트웨어, 데이터 베이스시스템, 정보통신 망 및 통신처리방식 등 을 연구 · 개발한다.	**전산** : 시스템프로그래머, 재무관리시스템 프로그래머, 통계처리시스 템 프로그래머, 편집시스템 프로그래머, 게임프로그래머, 자료관리시 스템 프로그래머, 온라인 프로그래머, 정보처리기술자, 정보시스템 컨 설턴트, 시스템 분석원, 부가통신정보관리원, 데이터베이스 관리자, 시 스템엔지니어, 전산감리사, 전자계산기이론 연구원, 시각정보처리연구 원, 음성정보처리연구원, 문자인식시스템개발원
		정보통신 : 광통신연구원, 광대역통신망연구원, 부가통신망관리원, 위 성통신설비연구원, 정보통신망연구원, 종합통신망개발원, 영상통신연 구원, 영상신호처리연구원, 음향신호처리연구원, 통신계통연구원, 통 신신호처리연구원, 통신지능망연구원

자료 출처 : 진로정보센터

우리가 사는 세상에는 어떤 직업들이 있을까?

활동지의 직업분류표를 보고 관심 있는 직업을 찾아보세요.

분야	직업	이 직업에 대한 정보는?

활동지 2-3

직업카드로 나눠 보는 진로정보

1. 여러분이 가진 직업카드를 '선호하는 직업', '선호하지 않는 직업', '결정할 수 없는 직업' 3
   개의 칸으로 나눠 담아 보세요.

선호하는 직업	결정할 수 없는 직업	선호하지 않는 직업
카드 개수 :	카드 개수 :	카드 개수 :

2. 위에서 분류한 선호하는 직업군의 직업카드를 선택한 이유가 같은 것끼리 다시 분류한 후 그
   이유와 해당 카드의 직업명을 아래에 기입해 보세요. 가장 선호하는 직업카드 3개를 순서대
   로 골라 아래 빈칸에 기입하세요.

순위	직업명	흥미유형	좋아하는 이유
1			
2			
3			

3. 위에서 분류한 싫어하는 직업군의 직업카드를 선택한 이유가 같은 것끼리 다시 분류한 후 그
   이유와 해당 카드의 직업명을 아래에 기입해 보세요. 선호하지 않는 직업카드 3개를 순서대
   로 골라 아래 빈칸에 기입하세요.

순위	직업명	흥미유형	싫어하는 이유
1			
2			
3			

4. 결과 요약 및 정보 제공

내가 좋아하는 직업들의 특징은 _____

_____

_____

_____

_____

내가 싫어하는 직업들의 특징은 _____

_____

_____

_____

_____

직업목록에서 새롭게 관심이 가는 직업에는 _____

_____

_____

_____

_____

이 활동을 통해서 느낀 점은 _____

_____

_____

_____

_____

직업카드를 통한 직업세계 이해 Ⅰ

1. 직업카드를 보고 아는 직업과 모르는 직업을 구분해 보세요.

아는 직업	모르는 직업
카드 개수 :	카드 개수 :

모르는 직업카드의 내용을 살펴보고 새롭게 알게 된 직업명과 하는 일을 써 보세요.

순서	직업명	하는 일
1		
2		
3		
4		
5		
6		
7		
8		
9		
10		

2. 카드놀이를 통한 직업정보 알아보기

- 스피드게임 : 집단원을 2인 1조로 편성하여 서로 돌려 가며 직업을 설명하고 맞히는 게임으로 제한된 시간에 많이 맞히는 사람이 승리한다.
- 빙고게임 : 직업카드를 무작위로 25개 선정하여 5행 5열로 빙고판을 만든다. 상담자나 내담자가 제시하는 직업명이 각종 정보(하는 일, 근무 장소 등)에 해당하는 직업카드가 있을 때 뒤집는다. 뒤집힌 카드가 대각선을 이룰 때 빙고를 외친다.

퍼즐을 통한 직업이름 알기

1. 직업명 퍼즐 : 아래 퍼즐 안에서 30개의 직업명을 찾아보세요.

큐	노	무	사	장	례	지	도	사
레	이	싱	걸	커	플	매	니	저
이	바	텐	더	피	변	호	사	쇼
터	세	의	브	바	군	인	이	핑
스	무	사	루	리	무	소	처	호
포	사	헤	마	스	원	믈	수	스
츠	푸	드	스	타	일	리	스	트
에	상	헌	터	브	딜	에	동	의
이	담	터	경	루	러	도	선	사
전	가	텔	레	마	케	터	경	찰
트	레	이	너	스	교	간	호	사
코	디	네	이	터	수	옥	원	균

2. 활동 후 느낀 점

- 내가 이 활동을 통해서 느낀 점은 _____
- 이름은 알고 있으나 하는 일에 대해 모르고 있는 직업은 _____
- 숨어 있는 직업이름 30개

> 푸드스타일리스트 큐레이터 노무사 경호원 장례지도사 상담가 쇼핑호스트
> 코디네이터 텔레마케터 변호사 헤드헌터 사이처 브루마스터 스포츠에이전트
> 도선사 바리스타 커플매니저 소믈리에 간호사 군인 상담가 딜러 교수
> 바텐더 경찰 변호사 레이싱걸 군무원 의사 세무사

나에게 알맞은 직업은 무엇일까?

검사대상 : 중 · 고등학생

검사시간 : 약 30분

주요내용 : 직업적 흥미 탐색 및 적합한 직업/학과 안내

1. 나에게 알맞은 직업은 무엇일까?

일반흥미유형	기초흥미분야
현실형(R)	기계, 기술, 사회안전, 농림
탐구형(I)	과학, 연구
예술형(A)	음악, 미술, 문학
진취형(E)	관리, 경영, 언론, 판매
관습형(C)	사무, 회계

흥미로 알아본 직업 진로탐색검사에서 나의 흥미유형 (R, A, C, I, E형)	성격으로 알아본 알맞은 직업	업무수행능력으로 알아본 알맞은 직업	지식으로 알아본 알맞은 직업

2. 흥미, 성격, 업무수행능력, 지식으로 탐색한 결과 나에게 알맞은 공통된 직업군은 무엇인가?

3. 직업탐색 활동결과 나의 소감은?

진로체험활동 보고서를 제출합니다.

(   )반 (   )번   성명(   )

3 진로체험활동을 돕는 활동지

활동지 3-1

직업체험활동

성명 :

진로탐색 체험학습 결과 보고서 및 소감문	
강사	**체험장소와 체험한 직업**
주제	
활동 내용	
가장 좋았던 점	
아쉬웠던 점	
도움이 된 점	
새롭게 알게 된 점	
느낀 점	
나의 다짐	

멘토 친구를 통한 나의 성공신화 만들기

1. 전년도 성적 결과 분석하기

목표평균점수	
성취평균점수	
목표에 가장 성공적으로 도달한 과목과 그 이유는?	
목표에 가장 미달된 과목과 이유는?	
새로운 도전 : 기말고사 목표점수는 ?	

2. 자기관리를 잘하고 성적이 잘 나오는 멘토 친구들은 어떤 행동특성을 가졌을까?

멘토 친구의 행동특성 탐색 결과 내가 고쳐야 될 행동특성 세 가지	멘토 친구의 행동특성에서 찾은 내가 배워야 될 행동특성 세 가지
① ② ③	① ② ③

3. 목표 성취를 위한 나의 각오와 활동소감?

목표	나의 각오
① ② ③	① ② ③

대중매체를 통한 나의 성공신화 만들기

1. 나의 성장에 도움을 줄 대중매체를 탐색하기

제목	매체 종류	방영 시간	내용

2. 다양한 직업의 세계 탐색

직업의 종류	하는 일 (구체적으로 쓰기)	등장인물 분석 (성별, 나이, 특성, 성격, 외모, 삶의 자세 등)

3. 주인공은 성공하기 위하여 어떤 어려움들을 극복하고 노력하였는가?

어려움	극복방법
① ② ③	① ② ③

4. 주인공을 통해서 배우는 나의 새로운 생각

활동지 3-4

직업체험 후 설문지

문항	매우 그렇다	그렇다	약간 그렇다	약간 아니다	아니다	전혀 아니다
1. 내가 원하는 직업(전공)을 갖기 위한 계획을 가지고 있다.	6	5	4	3	2	1
2. 장래희망을 이루기 위해 지금 무엇을 해야 할지 생각하고 있다.	6	5	4	3	2	1
3. 직업은 단지 돈을 벌기 위한 수단일 뿐이다.	6	5	4	3	2	1
4. 내가 잘할 수 없는 일이 무엇인지 안다.	6	5	4	3	2	1
5. 내가 관심 있는 진로나 전공에 대해 인터넷을 통해 검색해 본 적이 있다.	6	5	4	3	2	1
6. 내가 관심 있는 직업을 가진 사람에게 연락(이메일, 전화 등)해 본 적이 있다.	6	5	4	3	2	1
7. 직업 자체가 내 인생에서 의미 있는 일은 아니다.	6	5	4	3	2	1
8. 내가 좋아하는 일이 무엇인지 안다.	6	5	4	3	2	1
9. 나는 관심을 가지고 있는 직업에 대해 여러 가지 정보를 수집한다.	6	5	4	3	2	1
10. 부모님이 반대하시더라도 내가 원하는 진로를 선택할 것이다.	6	5	4	3	2	1
11. 나의 진로를 결정해 주는 사람이 있었으면 좋겠다.	6	5	4	3	2	1
12. 내가 싫어하는 일이 무엇인지 안다.	6	5	4	3	2	1
13. 나의 성격에서 나쁜 점이 무엇인지 안다.	6	5	4	3	2	1
14. 돈을 많이 벌 수만 있다면 어떤 직업이든 상관없다.	6	5	4	3	2	1
15. 진로선택은 어른들의 결정에 따르는 것이 좋다.	6	5	4	3	2	1

16. 힘든 일이라도 내가 좋아하는 일이라면 선택할 것이다.	6	5	4	3	2	1
17. 나의 성격에서 좋은 점이 무엇인지 안다.	6	5	4	3	2	1
18. 내가 관심을 가지고 있는 전공에 대한 구체적인 정보를 알아본 적이 있다.	6	5	4	3	2	1
19. 나는 일을 시작하기에 앞서 계획을 세운다.	6	5	4	3	2	1
20. 진로선택을 할 때는 다른 사람들의 의견보다 내 생각이 중요하다.	6	5	4	3	2	1
21. 나는 미래에 어떤 직업이 유망할 것인가를 생각해 본다.	6	5	4	3	2	1
22. 어떤 직업을 가지는가가 미래의 나의 인생에 중요한 영향을 미친다.	6	5	4	3	2	1
23. 내가 알고 있는 진로지식이 정확한지 알아본 적이 있다.	6	5	4	3	2	1
24. 나는 어른들의 결정보다는 내가 원하는 진로를 택할 것이다.	6	5	4	3	2	1
25. 내가 관심 있는 일이 무엇인지 안다.	6	5	4	3	2	1
26. 나의 진로문제와 관련하여 자발적으로 상담을 받아 본 적이 있다.	6	5	4	3	2	1
27. 나는 내 또래에 비해서 뚜렷한 진로계획을 가지고 있다.	6	5	4	3	2	1

참조 : 청소년 직업체험 활성화를 위한 협력 프로그램 개발(3차년도)

귀하의 성별과 학교는?	① 남자 　　 ② 여자 　　중학교 　　　　 학년

워크넷 직업심리검사로 알아본 나의 직업흥미

1. 직업흥미검사의 이해

일반흥미유형은 홀랜드(Holland)의 직업성격유형 이론에 근거해 개인의 흥미를 여섯 가지 유형으로 분류하여 측정한 것입니다. 각 점수는 평균이 50점으로 되어 있으며, 흥미유형과 유사한 정도는 상/중/하로 쉽게 분류되어 있습니다.

2. 홀랜드의 직업성격유형

흥미유형	특징	선호직업활동	대표직업
R (현실형)	• 실제적이며 단순함 • 여러 사람들과 함께 일하는 것보다 혼자 일하는 것을 선호	• 기계나 사물을 조작하는 활동 • 사람이나 아이디어를 다루는 일보다는 사물을 다루는 일 선호	농부, 경찰관, 소방수, 기술자, 목수, 운동선수 등
I (탐구형)	• 지적이고 분석적임 • 호기심이 많고 개방적임	• 호기심이 많고 개방적임 • 과학적이고 학문적인 활동 선호 • 문제 해결을 위해 아이디어를 사용하고 정보를 분석하는 일 선호	물리학자, 의학자, 수학자, 컴퓨터 프로그래머 등
A (예술형)	• 상상력이 풍부하고 직관적임 • 개방적이며 독창적임	• 재능을 가지고 창의적인 작업을 수행하는 활동 선호	예술가, 작가, 음악가, 화가, 디자이너 등
S (사회형)	• 명랑하고 사교적임 • 친절하고 이해심이 있음	• 개인적인 교류를 통해서 타인을 도와주고 가르치고 상담해 주고 봉사하는 활동 선호	교사, 상담가, 사회복지사, 성직자 등
E (진취형)	• 권력 지향적이며 지배적임 • 야심이 많고 외향적임	• 타인을 설득하고 지시하며 관리하는 활동 선호	경영인, 관리자, 언론인, 판매인
C (관습형)	• 보수적이고 실용적임 • 변화를 싫어하고 안정 추구	• 고정된 기준 내에서 일하고 관례를 정하고 유지하는 활동 선호	사무직종사자, 사서, 비서 등

3. 흥미검사 결과 나의 프로파일은?

흥미유형	기초흥미검사	관련직업	관련학과	일치도

4. 직업탐색활동 결과 나의 소감은?

(직업흥미검사는 나의 미래를 설계하는 데 얼마나 의미가 있었고, 평소 나의 흥미유형과 관계가 있는가)

진로체험활동 보고서를 제출합니다.

(   )반 (   )번   성명(   )

시청각 자료 활용 보고서

- 홈페이지, 비디오, CD-ROM 등의 다양한 자료를 사용하도록 함
- 단순히 보는 것만으로 학생들의 흥미를 끌 수 없으므로, 함께 참여하며 시청각 자료를 활용하도록 수업을 진행함
- 빠르게 변화하는 직업군에 대한 학생들의 이해를 높이기 위해서는 담당교사의 자료 준비를 위한 적극적인 노력이 필요함

1	관련 직업명	
2	직업의 특성	① ②
3	본인이 원하는 직업	① ②
4	직업의 장단점	장점 : 단점 :
5	나 자신이 ( )이(가) 된다면, 내가 더 갖추어야 될 능력은 무엇입니까?	① ②
6	나 자신이 ( )이(가) 된다면, 꼭 실천해 보고 싶은 일은 무엇입니까?	① ②
7	나 자신이 직장에서 ( )이(가) 되어 일을 할 때 지켜야 할 바른 태도는 무엇입니까?	① ②
8	시청각 자료 활용 프로그램 후, 소감 및 느낀 점	

현장 견학 프로그램 소감문

- 각 직업현장을 직접 방문하기
- 학생 스스로 적성과 진로에 대해 생각할 수 있는 직접적인 기회 부여
- 직업에 대한 직접적인 정보 및 동기 부여
- 다양한 직업세계를 접하도록 도움

견학 시기	년 월 일
견학 장소	

현장 견학 활동 내용(활동 내용을 자세히 기록하고 사진이나 기타 안내문 첨부)

소감 및 느낀 점

지도교사 확인 및 조언

직업체험 프로그램 신청서

- 특정한 제품이나 서비스가 생산·제공됨에 있어서 다양한 직업이 상호작용하고 있음을 이해함
- 학생 스스로 적성과 진로에 대해 생각할 수 있는 직접적인 기회 부여
- 직업의 사회적 역할에 대해 알아봄
- 직업세계에 관한 폭넓은 탐색을 할 수 있는 기회 부여
- 직업세계에서 요구하는 기초적인 지식이나 기술을 학습할 수 있는 기회 부여

학부모님, 그동안 안녕하셨습니까? 학부모님의 교육에 대한 관심과 격려 덕택으로 본교는 교장선생님을 중심으로 전교직원이 하나 되어 학생들의 교육활동에 전념하고 있습니다.

본교에서는 그동안 학생들이 자신에 대한 이해와 직업세계에 대한 이해를 통해 자신에게 가장 알맞은 진로를 선택해 나갈 수 있도록 하기 위해 다양한 진로교육을 지속적으로 진행하고 있습니다.

따라서 본교에서는 학생들에게 다양한 진로교육의 기회를 제공하여 자신에게 알맞은 진로를 선택할 수 있는 능력을 길러 주기 위해 직업체험 프로그램을 아래와 같이 실시하고자 합니다.

부모님의 많은 관심을 부탁드립니다.

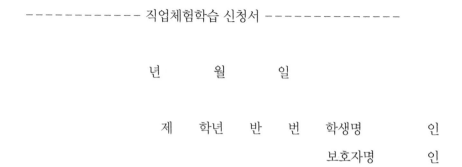

직업체험학습 일정			
체험 장소			
체험 일자	년 월 일		
체험 일정			

위의 직업체험학습을 신청합니다.

––––––––––– 직업체험학습 신청서 –––––––––––––

년   월   일

제   학년   반   번   학생명   인

보호자명   인

○○○중(고등)학교장   귀하

4 진로계획을 돕는 활동지

활동지 4-1

나의 미래 그리기

어른이 되어 직업을 가진 나의 모습을 상상해 보세요. 외모, 복장, 일터, 일을 하고 있는 모습, 동료들과의 관계, 일을 할 때의 기분 등에 대해 구체적으로 상상해 보세요.

나의 직업

[나의 외모]	[나의 복장]
[나의 일터]	[나의 일하고 있는 모습]
[동료들과의 관계]	[일할 때의 기분]

가치관 경매로 진로계획 세우기 I

직업가치관 경매순서

1. 각자 직업가치관들을 사기 위해 100만 원씩(만든 돈)을 받는다(10만 원권 10장씩).
2. 제시된 직업가치관 목록에서 어떤 것을 얼마에 사고 싶은지 계획을 세워 본다.
3. 경매자가 직업가치관 항목을 차례로 부르면 사고 싶은 사람은 빨리 손을 들면서 값을 부르고 더 비싼 값이 나오지 않을 때까지 경매가 진행된다.
4. 더 이상 비싼 값이 나오지 않으면 가장 높은 값을 부른 사람이 돈을 내고 그 가치관 항목표를 받는다. 각자 경매표의 경매결과란에 구입한 사람과 구입가격을 적는다.
5. 그런 식으로 마지막 항목까지 경매가 진행되며 동일한 가격이 나올 경우에는 빨리 가격을 부른 사람이 사게 된다.

가치관 경매를 위한 표

직업가치관 목록 \ 내용	구입계획		경매결과	
	구입여부	구입가격	구입한 사람	구입가격
흥미나 적성에 잘 맞는 직업				
사회적 지위(명예, 인기가 높은 직업)				
어려운 사람들을 도울 수 있는 직업				
경제적 보수가 많은 직업				
좋은 환경, 동료관계에서 일할 수 있는 직업				
많은 성취감을 얻을 수 있는 직업				
자기계발을 많이 할 수 있는 직업				
안정적이며 실직의 위험이 적은 직업				
여가를 활용할 시간이 충분한 직업				
자유롭고 타인의 간섭이 적은 직업				

희망직업과 의사결정 II

나의 직업가치관 알아보기

1단계 : 흥미/적성/성격별 적합한 직업과 직업가치관 5순위를 원표에 써 본다.

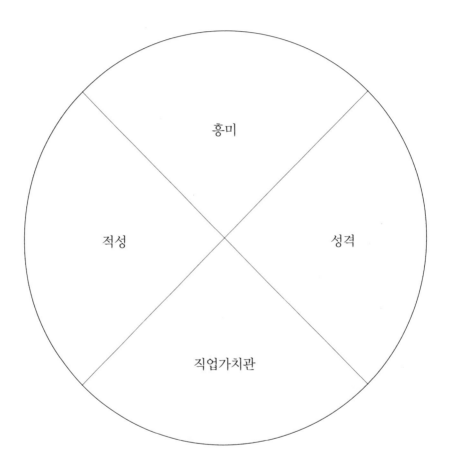

활동지 4-4

희망직업과 의사결정 III

2단계 : 나의 희망직업 알아보기

①

②

③

④

⑤

3단계 : 유용한 의사결정

가치관 효용 (1~10)	。 획득하게 될 가능성(0~1)				
	희망직업 1위 ( )	희망직업 2위 ( )	희망직업 3위 ( )	희망직업 4위 ( )	희망직업 5위 ( )
유용도					

※ 유용도 계산은 가치관 효용×획득하게 될 가능성의 합

4단계 : 의사결정표의 유용도에 따른 직업순위

①

②

③

④

⑤

미래 고등학교 탐방하기

1. 진학할 학교 탐방하기

내가 가고 싶은 고등학교를 친구들과 탐방해 봄으로써 나의 진로선택을 합리적으로 계획하여 봅시다.

사전 탐색 : 탐방방법(진로사이트 커리어넷의 활용, 원하는 학교 홈페이지 직접 접속)

[인터넷 탐방 후 보고서]

인터넷 탐방	탐방한 인터넷사이트는?	
	학교 주소는?	
	학교 교훈 또는 교육목표는?	
	집부터 학교까지의 교통편은?	

[직접 방문해 본 나의 학교]

탐방의 실행	탐방일시?	
	누구와 함께?	
	교통편과 실제로 걸린 시간은?	
평소에 내가 갖고 있던 미래 학교의 이미지와 변화된 생각이 있다면?		[글, 그림, 사진으로 기억에 남기기]

2. 미래 학교 탐방 후 나의 새로운 실천과 다짐은?

①

②

③

④

⑤

미래 대학교 탐방하기

1. 진학할 미래 대학교 탐방하기

내가 가고 싶은 대학교를 친구들과 탐방해 봄으로써 나의 진로선택을 합리적으로 계획하여 봅시다.

사전 탐색 : 탐방방법(진로사이트 커리어넷의 활용, 원하는 학교 홈페이지 직접 접속)

[인터넷 탐방 후 보고서]

인터넷 탐방	학교 주소는?	
	학교 건학이념 또는 교육목표는?	
	집부터 학교까지의 교통편은?	
	장학시스템 및 학과 정보는?	

[직접 방문해 본 나의 학교]

탐방의 실행	탐방일시?	
	누구와 함께?	
	교통편과 실제로 걸린 시간은?	
평소에 내가 갖고 있던 미래 학교의 이미지와 변화된 생각이 있다면?		[글, 그림, 사진으로 기억에 남기기]

2. 미래 학교 탐방 후 나의 새로운 실천과 다짐은?

①

②

③

④

⑤

나의 미래 직업 설계하기

1. 나의 미래 직업에 대해 인터넷을 통해 설계해 보기

내가 갖고 싶은 직업을 인터넷을 통해 합리적으로 탐색해 보고 계획하여 봅시다.

사전 탐색 : 탐방방법(진로사이트 커리어넷의 활용, 노동부 홈페이지 직접 접속)

2. 직업사전을 탐방하여 이미 실시한 자아탐색 결과(심리검사의 프로파일)를 확인하고 다음 표를 완성하세요.

자아탐색 유형	자아탐색 결과(프로파일)	관련 직업
직업흥미검사		
적성검사		
나의 희망직업		

3. 위의 직업들을 인터넷 직업사전을 활용하여 다음의 내용을 알아보세요.

관련 요인	직업명	평균학력	평균임금	주요 업무내용
흥미				
희망				
유망				

4. 내가 희망하는 직업을 갖기 위해서 갖추어야 할 자격과 준비에는 무엇이 있을까요?

여러 가지 직업의 종류 중에서 향후 5년간 고용증가가 예상되는 직업 20종을 선별하였다. 선정된 직업들을 분석해 본 결과, 정보, 첨단공학, 환경, 의료, 복지 등의 분야를 중심으로 전문적인 기능이 요구되는 직업들의 비중이 높은 것으로 파악되었다. 직업명과 주요 업무를 소개하면 다음과 같다.

직종	주요 업무
증권 중개인	주식, 파생상품, 채권 등을 매입 또는 매각하려는 법인 및 일반인을 위해 그들이 희망하는 거래주문을 받아서 거래를 성사시킨다.
경영 컨설턴트	경영전략, 인사 및 조직관리, 재무 및 회계, 생산 및 제품개발, 전산 및 정보시스템, 자재 및 구매관리, 물류, 설비 등 기업경영과 관련된 각 전문경영에 따라 해당 문제점을 진단·분석하여 구체적인 해결책이나 성과 향상을 위한 방법을 제시한다.
작업치료사	육체적 상해 및 질병, 선천적 장애, 노쇠현상, 심리적·사회적 장애로 인해 손상을 입었거나 신체 및 정신기능이 저하된 사람들에게 개개인의 수행능력에 맞는 치료(재활)프로그램을 제공하여 환자들이 삶의 의욕을 가지고 사회생활에 적극적으로 참여하도록 한다.
전문비서	법률, 의료, 교육, 종교, 외무 등 전문분야별로 상사가 필요한 정보를 수집, 정리하여 보고하며, 상사가 참석하는 회의에 동참하여 회의 내용을 기록하고 정리하는 등 각종 보좌업무를 수행한다.
텔레마케터	전화라는 매개를 통해 구매자에게 직접 해당 기업의 상품 및 서비스의 홍보, 판촉, 상담업무를 수행하거나, 정당 등 각종 단체의 후원자 및 일반인들을 대상으로 홍보, 고충처리, 관련조사 활동 등을 실시한다.
법률 사무원	법률사무소에서 의뢰인들이 변호사, 법무사, 변리사 등 법률전문가 등을 면담하기 전에 상담내용을 파악하고 접수하며, 법률전문가들의 원활한 업무수행을 위해 각종 법률서적, 재판기록, 수사기록 등 관련된 정보들을 조사, 수집·검토, 분석하여 고소장, 답변서, 신청서 등 각종 서류를 작성하고 수임료를 계산한다.
선물거래 중개인	고객으로부터 선물거래계약이나 옵션의 매매주문을 받아 거래를 계약하고 계약체결에 따른 고객의 현금이나 유가증권을 관리하며, 시장정보를 수집·분석하여 고객에게 제공하거나 투자상담을 실시한다.
변리사	국내인이 국외에 특허출원을 희망할 경우 설계도, 제품설명서 등 관련서류를 작성하여 특허권을 출원 청구한다. 또한 발명이나 고안의 표절 등 산업재산권 침해와 관련된 특허심판의 소송대리업무도 수행한다. 최근에는 실용신안, 의장, 상표분야로 업무가 전문화되는 경향이 있다.
특수학교 교사	신체 또는 정신적 장애가 있는 아동과 청소년의 재활을 돕기 위해 기초 학습 및 각종 기술적·사회적 학습 프로그램을 수행하고 평가한다. 교육 대상의 장애영역에 따라 특수한 교육 내용을 실시하기도 하며 학부모 및 고용주와의 상담을 통해 지속적인 교육, 관리를 모색하기도 한다.

직종	주요 업무
직업 상담원	공공 및 민간 직업안정기관이나 직업훈련기관 등 각종 인력관리기관에서 구직자 및 기타 상담희망자를 대상으로 직업선택, 취업처 결정, 직업전환 및 교육, 훈련, 실업대처, 퇴직 등의 문제에 대해서 관련정보를 제공하거나 개인적 문제의 예방과 지원에 대한 상담활동을 수행한다.
보안서비스 종사자	청원경찰, 경비원, (신변)경호원으로 불리며 국가 주요시설, 산업시설, 공공시설, 사유재산 및 개인의 신변을 보호하기 위해 경비업무와 보안업무를 수행한다. 주요 업무로는 주요 시설물에서 발생할 수 있는 도난과 화재 및 각종 위험요소로부터 부대시설을 포함한 모든 시설 및 장비를 보호하는 시설경비업무, 현금, 귀금속, 유가증권, 문화재와 같은 고가품(高價品)과 위험물을 호송하는 호송경비업무, 그리고 사람의 생명이나 신체에 대한 위해(危害) 발생을 미연에 방지하고 신변을 보호하는 신변보호 업무가 있다.
생물공학 기술자	유전자 재조합, 세포융합, 단백질 공학, 세포배양, 생물공정 등의 생물공학기술을 이용하여 상품생산을 위한 제반 연구업무를 수행하고, 생물의약, 바이오식품, 생물화학제품 등 기존 또는 신규 생물산업제품을 개발하거나 생산한다. 기존의 화학공정을 생물공정으로 개선하는 등 생산성 향상을 위한 연구작업도 수행한다.
환경공학 기술자	과학, 공학, 수학적 이론과 원리를 적용하고 시험, 분석, 연구 등을 실시함으로써 환경오염 방지시설의 설계, 공정개발, 오염물질의 제어방법과 기술적 관리방안의 연구, 개발 등 환경문제의 구체적인 해결, 개선방법을 모색한다. 환경시설물 시공, 오염물질 배출, 방지시설의 관리업무를 실시하기도 한다. 전문분야에 따라 대기환경기술자, 폐기물처리기술자, 소음진동 환경기술자로 불린다.
전기공학 기술자	체계적인 이론과 실기를 바탕으로 산업체, 공공기관 등의 연구소에서 연구, 개발업무를 담당하거나 현장감독업무를 수행한다. 주요 부분에 따른 근무 형태를 보면, 엔지니어링 및 건설분야에서는 주로 현장 관리감독업무를, 전력사업분야에서는 변전·배전의 전기계통 전반에 걸친 하드웨어 및 소프트웨어 기술연구업무를, 그리고 원자력발전소에서는 제어시스템 관리와 원자력 발전에 필요한 기술지원업무를 담당한다.
전자 및 통신공학 기술자	전자공학, 통신공학, 물리학, 수학 등 관련이론 원리를 바탕으로 전자, 통신 장비 및 제품의 설계, 연구, 개발, 검사업무를 수행하거나 제품생산업무를 관리, 감독한다. 제품의 기술적인 면에 대해 토의하고 사용 및 설치에 관해 조언해 주기 위해서 직접 기술경영이나 기술영업을 하기도 한다. 컴퓨터나 관련장비를 사용하여 모의실험을 실시하고, 관련제품이나 연구결과를 시험, 검사하며 제품 개발에 대한 특허출원을 요청하기도 한다.
시스템 엔지니어	의뢰업체나 부서에서 운용하고 있는 전산 시스템의 문제점과 그 원인을 분석하고, 시스템 이용자의 사항을 파악하여 컴퓨터를 이용한 문제해결책을 제시한다. 사업을 더욱더 효율적으로 수행하기 위해서 시스템개발 수명주기(System Development Life Cycle, SDLC) 등 일정한 절차에 따라 시스템을 개발한다.
컴퓨터 프로그래머	컴퓨터가 제 기능을 수행할 수 있도록 컴퓨터가 이해할 수 있는 언어로 지시를 내리는 명령체계를 만든다. 컴퓨터 프로그래머는 크게 두 가지 분야로 구분되는데, 시스템 프로그래머는 컴퓨터 시스템의 자체 기능수행 명령체계인 시스템 소프트웨어를 설계하고 프로그램을 작성하며, 응용프로그래머는 기업이나 기관 등이 사용할 수 있는 워드프로세서, 회계관리, 데이터베이스, 통계처리, 게임 등 각종 소프트웨어를 작성한다.

직종	주요 업무
음악 치료사	음악을 이용해서 우울증, 자폐증 및 기타 정신적 질환을 가진 사람을 치료한다. 치료대상자와 함께 각종 악기를 연주하거나 연주모습을 지켜보면서 음악적 표현 속에 나타난 환자의 상태를 파악한 다음 질병의 특성에 따라 음악적 치료요법을 수립, 시행한다. 연주능력뿐만 아니라 음악적 감수성이 풍부한 사람들에게 적합한 직업으로서 현재 10여 명 정도의 음악치료전문가들이 정신병원이나 개인연구소 등에서 근무하면서 활동 중이다. 국내에서 발급하는 공식자격증이나 면허증은 없지만 몇몇 대학교에서 음악치료 대학원과정을 개설해 놓고 있다.
호스피스 (hospice) 전문간호사	임종을 앞둔 말기(암)환자의 심리적 안정을 돕고 증상완화 및 통증치료를 실시한다. 가족, 전문의사, 물리치료사, 사회복지사, 성직자, 영양사, 음악치료사, 자원봉사자 등과 함께 팀을 이루어 호스피스계획을 수립하고 정기적으로 병실에 들러 해당 환자를 간호한다. 호스피스전문간호사는 여러 선진국에서 이미 오래전부터 제도적으로 배출되고 있으며 우리나라의 경우 최근에 국제적으로 인정되는 호스피스간호사 양성교육과정이 개설되어 있다.
국제회의 기획진행자	국제교류가 빈번해지면서 국제회의 및 행사를 개최하는 주최 측으로부터 관련업무를 위임받아 효과적으로 운영, 관리하는 전문가가 등장했다. 미팅플래너(meeting planner)라고도 불리는 국제회의기획진행자는 조직운영회를 구성하고 예산, 투어프로그램, 사교모임, 교통수단, 이벤트 등을 계획 · 점검 · 마무리한다. 외국어 및 컴퓨터 활용능력에 자신이 있으면서 국제적인 안목과 매너를 갖춘 사람이면 도전해 볼 만한 직업이다. 현재 몇몇 대학교에서 대학원과정 및 전문가양성과정을 개설하고 있다.
사이버 기상캐스터	공중파를 이용하는 기존의 방송 기상캐스터와 달리 인터넷을 통해 날씨 등 일반 기상정보는 물론, 기업의 마케팅 활동에 필요한 고부가가치 기상정보를 만들어 제공한다. 날씨산업의 유망성과 인터넷의 속보성이 결합해 등장한 새로운 직업이다. 기상사 1, 2급 자격증을 소지하고 일정 기간 동안 기상관련기관에서 근무한 사람이면 공식적으로 예보활동을 할 수 있는 자격이 주어지며, 인터넷을 통한 기상예보를 위해서는 인터넷활용능력이 필요하다.
운동처방사 (sports curer)	질병의 사전 예방과 건강관리에 대한 사회적 관심이 증가하면서 약물투여와 수술 중심이었던 고전적 치료방식이 점차 다양한 형태의 치료로 전환되고 있다. 이러한 추세에 따라 등장한 직업이 바로 운동처방사이다. 그들은 환자나 정상인의 신체조건, 건강상태, 질병의 특성에 따라 적절한 운동의 종류와 방법을 알려 주고 운동상황을 점검, 관리한다. 주로 종합병원 내의 스포츠의학실 등에서 근무하면서 전문의와 함께 진단에 참여하거나 적절한 운동방법을 연구한다. 사회체육 전공자나 국가가 지정한 생활체육 지도자과정을 수료한 사람에게 자격증이 부여된다.
학교 사회사업가	과밀한 학급, 부족한 교육재정 등으로 인해 교사들이 학생생활지도와 상담 등을 충분히 수행하기 어려운 형편이다. 이에 따라 학생들의 원활한 학교생활을 전문적으로 지원해 주는 학교사회사업가가 등장했다. 정서적 문제들을 가진 학생들의 임상치료, 교육 · 생활비 문제를 겪고 있는 학생의 가족을 지역사회기관과 연결, 교사에게 학생상담방법 지도, 학생과 부모에 대한 교육상담, 학생복지를 위한 각종 프로그램 수립과 실행 등이 학교사회사업가들이 주로 수행하는 업무이다. 현재 몇몇 학교, 사회복지관, 청소년상담실에서 근무하면서 학생들을 위한 복지프로그램을 개발, 시행하고 있다.

직종	주요 업무
장애인 직업능력 평가원	장애인에 대한 적극적인 복지지원의 일환으로 장애인 작업능력개발과 직업알선 업무가 중요하게 대두되고 있다. 이런 추세에 따라 등장한 직업이 바로 장애인직업능력평가원이다. 그들은 의뢰한 장애인의 직업재활계획을 수립할 목적으로 면접과 평가도구를 사용하여 직업적성, 흥미, 직업수행능력 등을 평가하여 적합한 직종 및 훈련에 관한 정보를 제공한다. 아직 많은 수는 아니지만 장애인 관련 단체 및 기관에서 주로 근무하고 있으며, 심리학, 사회복지학, 또는 직업재활과 관련된 특수교육학과 출신으로서 관련분야의 경력을 가진 사람이면 도전해 볼 만하다.
여행설계사	획일적인 해외여행에서 벗어나 자신의 목적에 따라 여행을 즐기는 사람들이 증가하고 있다. 여행설계사는 바로 이런 추세에 맞추어 고객이 원하는 해외여행을 전문적으로 계획하고 시행한다. 여행객들이 희망하는 목적에 맞게 일정한 여행팀을 구성하고 여행객들과 함께 협의하여 여행지, 교통, 숙식, 일정을 설계하고 제공한다. 해외여행을 많이 다녀 본 사람으로서 문화 및 관광에 대한 지식이 많다고 자부한다면 도전해 볼 만한 직업이다.
캐릭터 엠디 (Character Merchandising Director)	수요자들의 요구 및 시장성 등을 고려하여 만화영화의 캐릭터 제작 방향을 책정하거나 외국 캐릭터를 수입하며, 구체적으로 각종 모형 및 도구를 사용하여 특성 있는 캐릭터를 디자인한다. 이 업무는 예전의 경우 제작사에 소속된 제작자가 수행했던 일이지만 만화영화의 캐릭터 제작이 더욱더 수준 높은 전문성을 필요로 하면서 전문적인 직업으로 분화되었다. 앞으로 만화영화시장 개방 및 성장이 예상됨에 따라 섬세하고 차분한 성격을 지닌 사람이라면 도전해 볼 만하다.

자료 출처 : 한국가이던스

정보화 첨단기술

시스템엔지니어 컴퓨터프로그래머 웹마스터	통계학과, 전자계산학과, 전자공학과, 전자통신공학과, 컴퓨터공학과 등 인터넷과, 인터넷비지니스과, 인터넷정보과 등	컴퓨터
전기공학기술자 전자 및 통신공학기술자 기계공학기술자 항공우주공학기술자 원자력공학기술자 생물공학기술자 환경공학기술자	전기공학과, 전자시스템공학과, 전기에너지공학과 등 전자공학과, 전자시스템공학과, 정보통신학과 등 기계공학과, 기계시스템공학과, 지능기계공학과 등 기계항공우주공학과, 항공우주공학과, 천문우주과학과 등 원자력공학과 미생물학과, 생물공학과, 분자미생물학과, 생물자원공학과 등 환경시스템공학과, 환경공학과, 환경생명공학과 등	첨단기술
변리사	공학계열, 자연과학계열 학과 등	기술특허

경제성장 생활수준 향상

공인회계사 세무사 경영컨설턴트 시장조사분석사 공인노무사 광고전문가 감정평가사	경영회계학과, 경영학과, 경제학과, 회계학과 등 세무회계과, 세무학과, 법학과, 경제학과, 경영학과 등 경영학과, 경제학과, 산업공학과 등 경영학과, 신문방송학과, 심리학과, 사회학과 등 사회학과, 경영학과, 법학과 등 광고기획과, 광고창작과, 광고홍보학과, 광고디자인과 등 부동산과, 회계학과, 경제학과, 법학과 등	사업 서비스
관련도시계획기술자 토목기술자 건축기술자 조경기술자	도시계획정보과, 도시환경디자인과, 도시및지역계획학과 등 토목학과, 토목환경과, 토목설계공학과, 토목시공과 등 건축공학과, 건설재료공학과, 건축설계공학과, 건축설비과 등 조경학과, 환경조경과, 원예조경과, 녹지조경과 등	건설 · 도시화
판검사 및 변호사 보안서비스종사자 사회복지사 상담가 직업상담원 손해사정인 법무사	법학과, 사법학과, 공법학과, 법률과 등 경호행정과, 안전경호학과, 경호학과, 경호비서학과 등 사회복지학, 가족복지과, 노인보건복지과, 사회사업학과 등 심리학과, 상담심리과, 심리치료학과, 교육심리학과 등 심리학과, 법학과, 사회학과, 교육심리학과, 행정학과 등 경영학과, 보험학과, 수학과, 통계학과 등 법학과, 사법학과, 공법학과, 법률과 등	사회문제 관련
미용사 애견미용사 메이크업아티스트	미용과, 헤어디자인과, 피부미용과, 미용피부관리과 등 자원동물산업과, 애완동물과, 동물자원과 등 코디메이크업과, 메이크업과, 뷰티디자인과 등	서비스

큐레이터 레크리에이션지도자 영사기사 방송기술자 만화가 및 애니메이터 성악가 및 기악연주가 무용가 국악인	박물관과, 고고학과, 사학과, 고고미술사학과 등 레크리에이션과, 생활체육과, 건강생활과, 여가문학과 등 제한 없음 방송기술과, 방송제작기술과, 방송제작과, 방송통신학과 등 만화예술과, 애니메이션과, 컴퓨터애니메이션과 등 성음악과, 성악과, 기악과, 관현악과, 피아노과 등 무용과, 민속무용학과, 발레과, 한국무용과, 현대무용과 등 국악과, 전통예술과, 한국음악과 등	문화예술
실내건축기술자 디자이너	실내건축과, 인테리어건축과, 실내건축디자인학과 등 디자인과, 의상디자인과, 그래픽디자인과, 산업디자인공학 등	디자인
대학교수 중·고등학교 교사 직업능력개발훈련교사 초등학교교사 유치원교사 특수학교교사	관련 분야 전공(박사학위) 교육계열 한국기술교육대학교에 설치된 5학부 5학과(전기공학 등) 초등교육과 유아교육과 특수교육과, 유아특수치료교육과, 초등특수교육과 등	교육
조리사 및 바텐더	조리과, 식품조리과, 전통조리과, 영양조리학과 등	외식
의사 약사 간호사 물리치료사 작업치료사 방사선사 수의사 한의사 치과의사 의무기록사	의예과, 의학과 등 약학과, 제약학과 등 간호과, 간호과학과, 간호학과 등 물리치료과, 물리치료학과 등 작업치료과, 재활공학과, 작업치료학과 등 방사선과 수의학과, 수의예과 등 한의예과 치의예과 의료보험 관리과, 보건(의료)행정과, 의무행정과 등	의료

국제화

번역사 통역사 전문비서	통·번역학과, 영어통번역학과, 일어통번역학과 등 국제관광통역과, 중국어통역과, 관광영어통역과 등 비서학과, 비서정보과, 비서홍보과 등	사업 서비스
증권중개인 외환딜러 선물거래 중개인 펀드매니저 투자분석가	법학과, 경영학과, 경제학과, 회계학과, 전산학과 등 무역학과, 경제학과, 통계학과 등 경제학과, 경영학과, 회계학과, 무역학과 등 법학과, 경영학과, 경제학과 등 법학과, 경영학과, 경제학과 등	금융

항공기 조종사 항공기 교통 관제사 항공기 객실 승무원 항공기 정비원	항공운항학과 항공교통학과 항공운항과, 항공서비스과, 스튜어디스과, 여행항공전공 등 항공자동차정비과, 항공기계공학과, 항공기계학과 등	항공

여성 종사자가 많은 고용증가 직업

전문기술자 및 과학자	웹마스터
교육, 도서관 관련직업	유치원 교사, 초등학교 교사, 특수학교 교사, 보육교사, 중·고등학교 교사, 학원강사
의료, 보건 관련직업	약사, 간호사, 물리치료사 및 작업치료사, 간호조무사, 의무기록사, 치과위생사, 영양사
전통문화 계승직업	한복기능사
사업서비스 관련직업	속기사, 광고전문가, 번역사 및 통역사, 시장조사분석가
사회서비스 관련직업	사회복지사, 직업상담원
예술, 스포츠 및 보도관련직업	애니메이터, 무용가, 성악가 및 기악연주가, 국악인
관리자 및 사무원	전문비서
판매 및 유통관련 직업	텔레마케터, 상품판매원
대인, 음식 및 기타서비스 관련직업	여행안내원, 미용사, 애견미용사, 메이크업 아티스트, 건물 및 차량 청소원
제조업 관련 생산직업	전기, 전자 제품 조립원